现代英语教学模式与教学方法探讨

刘小梅 ◎ 著

吉林出版集团股份有限公司

版权所有　侵权必究

图书在版编目（CIP）数据

现代英语教学模式与教学方法探讨 / 刘小梅著. —长春：吉林出版集团股份有限公司，2023.6
　ISBN 978-7-5731-3537-7

Ⅰ．①现… Ⅱ．①刘… Ⅲ．①英语—教学模式—研究—高等学校 Ⅳ．①H319.3

中国国家版本馆CIP数据核字（2023）第112019号

现代英语教学模式与教学方法探讨
XIANDAI YINGYU JIAOXUE MOSHI YU JIAOXUE FANGFA TANTAO

著　　者	刘小梅
出版策划	崔文辉
责任编辑	王　妍
封面设计	文　一
出　　版	吉林出版集团股份有限公司
	（长春市福祉大路5788号，邮政编码：130118）
发　　行	吉林出版集团译文图书经营有限公司
	(http://shop34896900.taobao.com)
电　　话	总编办：0431-81629909　营销部：0431-81629880/81629900
印　　刷	廊坊市广阳区九洲印刷厂
开　　本	710mm×1000mm　1/16
字　　数	241千字
印　　张	11.25
版　　次	2023年6月第1版
印　　次	2023年6月第1次印刷
书　　号	ISBN 978-7-5731-3537-7
定　　价	78.00元

如发现印装质量问题，影响阅读，请与印刷厂联系调换。电话 010-82751067

前　　言

英语教育必须借助现代教育理论的正确指导，在实践经验的基础上进行方法论的探究，从而建立科学的理论体系，找到行之有效的教学方法。近年来，我国英语教育教学呈现出新的发展趋势，对专业建设、课程设置、教学改革和现代化教学手段的研究日益凸显，"以学习者为中心"的教学模式研究越来越受到重视，研究重点由语言知识的习得转向如何将语言知识转化为语言能力。此外，教师专业发展研究也取得了长足进步。

传统的教学模式已经不足以满足学生的需求、阻碍了教学发展，探索新的教学方法才是硬道理。本书从大学英语教学的本真、特性入手，到教学方法的研究，以及重点板块的研究，对上述问题进行了探索解析，同时对大学英语未来的发展也做了探讨，希望对英语教学者有一定的帮助。

由于笔者水平有限，加之时间仓促，定有疏漏和不足之处，敬请广大大学英语教学工作者和专家提出宝贵意见。

目录

第一章 大学英语教学模式概述 …… 1
- 第一节 大学英语教学模式的理论 …… 1
- 第二节 大学英语课程体系构建理论与现状 …… 6

第二章 大学英语教学的本真、特性与变革发展 …… 10
- 第一节 大学英语教学的本真 …… 10
- 第二节 大学英语变构教学的特性研究 …… 11
- 第三节 大学英语教学模式的变革与发展 …… 14
- 第四节 大学英语教学改革的必要性及思路 …… 18

第三章 大学英语教学改革的趋势 …… 23
- 第一节 大学英语教学核心要素的特征及教学模式的转变 …… 23
- 第二节 大学英语教学改革存在的问题及其对策 …… 28
- 第三节 大学英语教学改革的趋势 …… 33

第四章 大学英语教学模式改革的可行策略 …… 50
- 第一节 教学模式及其演变 …… 50
- 第二节 大学英语教学模式的改革策略 …… 57
- 第三节 大学英语"分级制"教学模式现状及优化策略 …… 61

第五章 大学英语教学模式改革的理论基础 …… 67
- 第一节 基于建构主义的课程设计改革 …… 67
- 第二节 大学英语教学模式改革的理论基础 …… 73
- 第三节 教学系统设计的理论基础 …… 76

第六章 大学英语教学方法与策略的理论结合 99
第一节 教学方法与实践原则 99
第二节 大学英语教学中的文化教学策略 103
第三节 语言教学与文化教学相结合的大学英语教学策略 107
第四节 反思性教学与大学英语教学的发展 110

第七章 大学英语教学——情景教学法 114
第一节 关于现代大学英语教学中情境教学的分析 114
第二节 情境教学中"支架"的提供 117
第三节 基于建构主义视角的多媒体在英语情境教学中的应用 120
第四节 情境教学中的评价 124

第八章 大学英语教学——交际教学法 128
第一节 交际教学法在大学英语教学中的应用 128
第二节 交际教学法的特点 132
第三节 交际教学法在英语分层教学中的初步探索 136

第九章 大学英语教学——任务型教学法 139
第一节 任务型教学法在大学英语课堂的设计与应用 139
第二节 基于"任务驱动"模式的大学英语教学任务设计 143
第三节 PBL在大学英语课堂呈现环节的教学实践 146
第四节 大学英语口语课堂的任务设计 150

第十章 大学英语任务型教学模式改革创新研究 153
第一节 任务型教学模式下大学英语教学改革的现状与内容研究 153
第二节 以任务型教学模式推进大学英语课堂教学改革 155
第三节 大学英语任务型教学探讨 159
第四节 大学英语任务型教学中任务的设计原则及实施策略 165

参考文献 171

第一章 大学英语教学模式概述

第一节 大学英语教学模式的理论

英语作为一门国际通用语言，发挥着日益重要的作用。当前社会对大学生的英语水平提出了更高要求，由此对大学英语教学效率和质量的提高也势在必行。研究表明，目前大学英语教学存在以下问题："过分强调语言基础知识的学习，忽略了语言能力的培养；学生数量在高校扩招的背景下骤增，使得英语教师质量和数量不能满足需要""教学模式和方法落后，未能充分利用先进的、现代化的教学手段""缺乏统一的、科学的英语教学管理体系""教学考核测试手段单一"等。为了探索大学英语教学规律，体现"做中学"的教育指导思想，解决大学英语教学普遍存在的"费时较多，收效较低"的问题，教育部曾启动了一轮的大学英语教学改革。大学英语教学改革重点在于提高大学生的英语应用能力、自主学习能力和跨文化交际能力。

大学英语教学模式主要基于以下教学理论和方法。

一、建构主义学习理论

建构主义教学模式是在建构主义学习理论指导下建立起来的，是建构主义理论应用于课堂教学的教学模式。它提倡的学习方法是在教师指导下的、以学生为中心的学习，其学习环境包括情境、协作、会话和意义建构等四大要素。学生是信息加工的主体，是知识意义的构建者，而不是外部刺激的被动接受者和被灌输的对象。教师是意义构建的帮助者和促进者。建构主义教学模式是充分发挥学生的主动性、积极性和首创精神，使学生有效地实现当前所学知识意义构建的教学程序及其方法策略体系。

建构主义思想自皮亚杰以来，在其对学生的学习进行考虑和反思的发展过程中形成了多种流派。虽然各流派在对知识、学习、教师和学生等问题上的看法有许多共同之处，因而对教学目标的要求基本一致，但由于各观点侧重点不同，教学中所采取的教学方式和步骤也不一样。目前，研究比较成熟的有抛锚式建构主义教学模式、支架式建构主义教学模式、随机进入建构主义教学模式等。

二、研究性教学模式

研究性教学是建构主义学习理论下形成的与之相适应的一种教学模式和方法。建构主义理论包括认知建构主义和社会建构主义。认知建构主义的开创者皮亚杰和社会建构主义奠基人维果斯基都一样重视学习的认知过程，把学习看成是学习者主动"建构"知识的过程，不是通过他人"给予"而被动接受和使用的过程。"认知结构产生的源泉是主、客体相互作用的活动，在相互作用的活动中蕴涵着双向结构。"

以建构主义为理论支撑的研究性教学是指"学生在教师指导下，以类似科学研究的方式去主动获取知识、综合运用知识解决问题的一种学习方式。研究性学习与一般意义上的科学研究具有一定的相似性，如在研究过程上两者都要遵循提出问题、收集资料、形成解释、总结成果这样一个基本的研究程序。在这里知识都是以问题的形式呈现，知识的结论要经过学习者主动的思考、求索和探究"。可见，研究性教学理念的本质是学生主动参与的探索性学习，思维是学习的动力，学生是学习的主人，因此"英语是学会的"，"学"在这里是研习的意思。

在大学英语教学中倡导研究性教学理念，应该说是为内容教学提供了一条新路。众所周知，英语是一门工具性质的学科，而大学英语的工具性就更显突出。由于没有实质的教学内容，没有像高考这样重要的教学目标，大学英语的听说读写技能训练因而变得枯燥又机械。只有研究性教学，才使大学英语教学第一次有了真正的教学内容，并且在完成项目的研究过程中，学生的英语能力在实践中得到了锻炼，学生思考能力、创新能力得以发展，学生的学习能动性从根本上得到了改观。

但是研究性教学又不是完全淡化英语技能的培养，事实上，将所学的语言知识应用于信息获取、问题分析。精确讲说，书面写作等过程更能培养学生把英语作为一门工具的语言能力。此外，研究性教学在大学英语中的应用又有别于英语专业的研究性教学。英语专业的研究性教学是对英语语言学、文学和英语文化等的专业知识的学习和研究，而大学英语的研究性教学是让学生在一定范围内自主选题，题目可以是人文社会的，也可以是自然科学的，这样既锻炼了语言能力，又培养了思维能力，扩大了学生的知识面，一举多得。

近年来，很多国家都设置了类似的"研究性"课程，共同点是：（1）重视知识的掌握，但更注重学习的方法；（2）强调主动学习；（3）科学精神与人文情怀并重。

三、人本主义学习理论

人本主义学习理论对学习本质的揭示是从人的自我实现和个人意义的角度加以描述，认为学习是个人自主发起的，使个人整体投入其中并产生全面变化的活动，是个人的充分发展，是人格的发展，自我的发展。根据人本主义的学习理论，美国心理学家马斯洛、罗杰斯等创立的人本主义理论提出了10条学习原则：（1）人生来就对世界充满好奇心，人类生来就有学习潜能；（2）当学生觉察到学习内容与自己的目的有关时，有意义的学习就发生了；（3）当学生的信念、价值观和基本态度遭到怀疑时，他往往会有抵触情绪；（4）学生处于相互理解和支持的环境里，在没有等级评分鼓励自我评价的情况下，就可以消除由于嘲笑和失败带来的不安；（5）当学生处于没有挫败感却具有安全感的环境里，就能以相对自由和轻松的方式去感知书本上的文字和符号，区分和体会相似语词的微妙差异，换言之，学习就会取得进步；（6）大多数有意义的学习是边干边学、在干中学会的；（7）当学生负责任地参与学习时，就会促进学习；（8）学习者自我发起并全身心投入的学习，最深入，也最能持久；（9）当以自我批判和自我评价为主、他人评价为辅时，就会促进学习的独立性、创造性和自主性；

（10）现代社会最有用的学习是洞察学习的过程、对实践始终持开放态度，并内化自己的知识积累。简而言之，人本主义理论主张废除以教师为中心的模式，代之以学生为中心的模式，而以学生为中心的关键，是在于使学习者感到学习具有个人意义。

人本主义学习理论强调学习是一个情感与认知相结合的精神活动。在学习过程中，情感和认知是彼此融合、不可分割的两个部分。整个学习过程是教师和学习者两个完整的精神世界的互相沟通、理解的过程，而不是教师向学习者提供知识材料的刺激，并控制这种刺激呈现的次序，期望学习者掌握所呈现知识并形成一定的自学能力和迁移效果的过程。由此可以理解，教学也不再是以教师为中心，以知识输入讲解为主要方式的活动了。要使整个学习活动富有生机、卓有成效，需要以学习者为中心，深入其内在情感世界，以师生间的全方位的互动来达到教学目标。这不同于多年来我国大学英语教学课堂以教师为主体、以教师讲解传授为主要形式的教学方法。

四、后现代主义教学观

后现代主义教学观是在对教育"现代性"进行深刻反思的基础上形成的，具有开放性、超前性和创新性等特点。

后现代主义在我国最早出现在20世纪80年代初的《读书》杂志上，1985年美国杜克大学的弗·杰姆逊教授在北大开了名为"后现代主义与文化理论"的专题课，在此之后，后现代主义在中国得到了快速发展。总体而言，它是对现代主义所崇尚的总体一致性、规律性、线性和共性及追求中心性的排斥，主张以综合、多元的方式去建构，具有非中心性、矛盾性、开放性、宽容性、无限性等特征。

后现代主义教学观对大学英语教学改革的启示表现在：

1.在打破"完人"教育目的观的同时，后现代主义者也提出了自己的教学目的观。他们主张学校的教学目的要注重学生各方面的发展，不强求每个受教育者都得到全面发展，要培养符合学生自己特点及生活特殊性的人，造就具有批判性的公民。

2.后现代主义认为现代主义的课程观是唯科学的、封闭的。多尔从建构主义和经验主义出发，吸收了自然科学中的理论，把后现代主义的课程标准概括为4R原则，即丰富性、循环性、关联性及严密性。

3. 后现代主义认为教学过程是一个自组织过程。自组织是一个通过系统内外部诸要素进行相互作用，在看似混沌无序的状态下自发形成有序结构的动态过程。

4. 后现代主义的师生观认为，在传统教学中，教师处于知识传授的中心地位，而学生处于被动和弱势的地位。教师是话语的占有者，学生的自主性和潜能受到了压制，故后现代主义认为，必须在课堂教学中建立师生平等对话的平台。在科学技术日新月异的影响下，知识的传播已经发生了很大变化，教师的主要任务是教会学生使用终端技术和新的语言规则。在师生关系中，教师从外在于学生的情景转向与情景共存，教师的权威也转入情景之中，他是内在情景的领导者，而非外在的专制者。

5. 后现代主义的教学评价要求实施普遍的关怀，着眼于学生无限丰富性发展的生态式激励评价，让学生充满自信，每个个体都各得其所，始终获得可持续发展的动力。它强调教学评价应该体现差异的平等观，即使用不同标准、要求，来评价不同的对象，主张接受和接收一切差异，承认和保护学习者的丰富性、多样性。

五、学术英语教学理念

学术英语也是近来在大学英语教学改革中提到的一个新的课程设计理念，它是针对在大学英语教学中盛行了几十年的基础英语提出的。基础英语的教学重点是语言的技能训练，包括听说读写译等，而学术英语分为两大类——一般学术英语和专门用途英语。前者主要培养学生书面和口头的学术交流能力，后者主要涉及工程英语、金融英语、软件英语、法律英语等课程。

以学术英语为新定位的大学英语教学，既区别于以往的以语言技能训练为主的基础英语，又区别于大学高年级全英语的专业知识学习或者"双语教学"，当然也区别于英语专业学生所学的人文学科方面的专业英语。它是基础英语的提高阶段，即在学生掌握了一定的规则和词汇，达到了一定的水平后，为他们用英语进行专业学习做好语言、内容和学习技能上的准备,是在大学基础教育阶段为今后全英语专业知识学习打下基础的一种教学模式。

第二节 大学英语课程体系构建理论与现状

一、课程体系构建理论基础

(一)大学课程体系构建的社会基础

大学英语的教学重心从基础英语到学术英语和实用型课程体系的转移是我国时代和社会发展的需要。

首先,这一体系可以激发大学生对课程学习的热情和动力,避免了目前大学英语和高中英语教学内容重复的问题。随着时代和媒体的发展,新一代大学新生的英语水平和改革开放初期大学新生的英语水平相比已有了很大提高,如果继续在大学英语教学中教授基础英语,必然会造成学生学习懈怠。新一代的大学新生在高中阶段实际已基本完成基础英语的学习,大学英语教学应该转为以学术英语和研究性学习内容为重心,为学生在大学高年级用英语进行专业学习做好语言、内容和学习、学术技能上的准备。

其次,可以为培养市场需求的高科技人才走好扎实的第一步。目前,大部分重点工科院校仍在花两年时间给学生开设以人文科学为教学内容的基础英语课,分析文章结构,讲解语法词汇,训练听说读写译等日常交际技能。这样的教学对学生今后在各自专业领域中的发展不能说完全没有帮助,但帮助实在太小了。在市场经济大环境下,通过10年时间(6年中学+4年大学)培养出来的人才不能满足市场的需求,这不能不说是资源和时间的巨大浪费。

最后,把大学英语从基础英语转为学术英语和研究性课程英语也将为学生在大学高年级接受双语或全英文授课做好准备。目前很多用英语教授专业课的教师感慨:学生在听英语专业讲课、记笔记、小组陈述观点、阅读原版教材和专业文献、写期末论文等方面，如有一些前期的锻炼是完全有必要的。

（二）新一轮的大学英语教学改革是大学课程体系构建的有利推手

随着多媒体和网络技术在英语教学中的应用，我国当前的大学英语教学在教学形式上与传统的教学相比已有了很大改观：学生视听说的机会增加了，教学形式也从以往单一的教师传授发展成了学生多模态并用的小组活动、双人活动等，这些是传统教学无法实现的。然而在习惯了一段时间多媒体教学的新颖形式后，学生学习的积极性又一次下降。究其原因，主要是在网络环境下的以交际法为主导的任务型英语教学方法归根到底还是语言技能训练，这与传统的教学本质上差别不大。长期的语言技能训练不仅已经挫伤了学生学习英语的积极性，而且导致学生在思维上也产生了一定的惰性，不愿费神费力，甚至厌学。因此"英语教学不能等同于语言技能的传授和训练，英语教学既不能是英语语言知识的教学，也不能是英语语言技能的教学。英语教学应该是，也只能是，某种教学内容的教学。从语言技能教学转向内容教学是中国英语教学改革的根本出路"。而语言的内容就是思维，语言是思维的载体。"英语学习的结果不但是语言交际能力的提高，更可以是思维方式的拓展，价值观念的重组和人格结构的重塑"，并且只有思维才能从根本上发挥学习者的能动性，才能实现新一轮大学英语教学改革的目标："以学生为中心，从传授一般的语言知识与技能，到更加注重培养语言的运用能力和自主学习能力的教学模式的转变。"

（三）大学课程体系构建的教育哲学基础

"全人"指全面发展的人。社会发展的核心是为了人的全面发展。"全人"教育思想更加注重素质教育，重视学生创新能力的培养，注意学生的个性发展，因材施教。终身教育思想注重学生学习能力的培养，强调用科学方法教育，注重教会学生学习的方法和对学生品格的塑造。教育国际化是现代科技发展和信息化社会的产物。随着科技的不断发展和经济全球化步伐的加快，中国高等教育更加广泛地参与全球范围内的教育服务竞争，高等职业教育开放的力度更大，参与国际交流的地域更广，与外国合作办学的机遇更多,而这一切都要以英语和计算机为基础。大学英语课程体现了"全人"教育、终身教育及教育国际化等教育思想。

二、课程体系构建的现状分析

(一)大学英语教学改革亟待寻找新定位

近年来,大学英语教学改革已取得了明显成效:(1)标准建设取得了重大进步。教育部制定印发了相关规章制度,作为各高校组织开展非英语专业本科生英语教学的主要依据。(2)教学方法取得了重大进步。充分利用现代信息技术特别是网络技术,构建基于课堂和计算机的大学英语教学新模式。(3)项目建设取得了重大进展。全国多所高校成为大学英语改革示范点,教学团队建设和教学名师评选取得成效。(4)教师队伍建设取得了重大进步。教师整体学历和教学能力在逐年提高。(5)四、六级考试改革稳步推进。但是必须看到,大学英语教学改革还存在很多不容忽视的问题:教学模式相对单一;大学生英语综合应用能力不强;大学生英语学习的积极性、主动性、创造性不强;教师业务水平和教学能力亟待提高等。如何解决这些问题是大学英语改革的新目标。

(二)新课程体系建设的必要性

以学术英语和研究性学习为新定位的大学英语教学改革已经引起了国内外专家的重视。英国语言学家David Graddol预言,"英语仅仅作为一门英语来学习的时代即将结束。学习者需求的变化和市场经济的变化导致英语教学正在同传统的英语教学方法决裂"。英国文化委员会在一项大型英语调查中得出结论,将来的英语教学是越来越多地与某一个方面的专业知识或某一个学科结合起来。

基于上述教学模式理论和课程构建理论与现状,大学取消了以语言技能强化训练为主的基础英语课程,向大部分非英语专业学生开设了由研究性教学指导的一般学术英语课程。学习内容包括项目研究计划书的撰写、定性定量数据的收集和分析、研究报告的写作和口头汇报以及个人的反思性总结。该课程建设的必要性表现在:

首先，可以给大学英语改革带来新的动力。当前大学英语课程教学主要问题在于大学英语教学仍然以普通基础英语为主要教学内容，不具备实用性和社会交往性，无法适应经济发展的需要，课堂教学内容与就业需要关联不大，无法形成学生主动学习的驱动力；教学方法落后、教学模式陈旧，很少甚至没有调动学生的自主性、主体性、实践性；教师和学生都无法从宏观上充分看到英语学习的即时价值和意义，把语言学习和社会、经济发展剥离开来。因此以培养学生学术书面和口头汇报能力为目标的大学英语课程可以给大学英语改革带来新动力。

其次，可以满足新一代大学生对大学英语课程的需求。大学英语课堂上学生沉默，学习懈怠以及出现课上不学、课后上培训班的现象，主要是因为现有大学英语的课程设置和授课方式没能很好地满足新时代学生的需求。新生代大学生在网络和多媒体环境下长大，他们用于日常交际的英语能力较过去的大学生有很大进步。但是他们的应用能力较弱，双语和全英语专业课上听课、要点记录、观点陈述等方面，以及原版教材和专业文献阅读，论文及摘要撰写等方面语言能力缺失。因此应针对新一代大学生同一时间能承担多重任务，通过感官学习、反馈快速等，调整教学定位，为社会培养能熟练使用英语的工程技术人才。

最后，可以推进教师职业化进程。提高人才培养水平，最根本的是提高教师质量；提高大学英语教学质量，最根本的也是提高教师教学水平。尽管近年来大学英语教师队伍建设取得了稳步发展，但这支队伍的业务水平和教学能力还不能完全适应大学英语教学改革的新要求，表现在观念陈旧，教师角色转变等问题上。因此在新课程体系建设的要求下，教师必然要更新观念，转变角色，提高学术水平和教学水平。

第二章 大学英语教学的本真、特性与变革发展

第一节 大学英语教学的本真

本真的课堂教学追求真实与纯洁，站在学生发展的视角，把大学英语教学与情感教育结合起来，以教师聪明的教育智慧，摒弃消极情感因素，激发积极的学习情绪。课堂不再有压抑、被动、沉闷，而是呈现出民主、和谐、主动、包容、尊重、有趣、健康，教学敞亮、开放，学生能够自主展示自己的个性和能力。

本真的英语教学追求一个朴实自然的课堂境界，是师生真实内心世界的自然流露，教师能够根据对英语教学的理解、感悟和认同以及对所教学对象的认识，开展知识的彼此接纳、情感的交流与互融，从而课堂自然、从容、焕发出生命的活力。本真的课堂过滤浮躁与虚假，既有师生教与学两个活动在思想和行动上的高度一致，又有教师教学规律和学生发展规律的遵循，还有对学生个体差异的认识与尊重，教学的最终归宿是实现师生生命的共同成长。

我们在教学中经常有这样的体会，曾经很有英语天赋的学生到了大学英语学习中却又显得比较困难，兴趣受到长期抑制，不仅导致他们失去学习英语的信心，也给他们的学习心理带来消极的影响，而这种局面的形成恰恰与教师教学中忽视一些不经意的现象有关。

本真的课堂应该真实、朴实，它体现了教师智慧和教学素养的统一。实际上，教学中并非学生不愿意与教师互动交流，恰恰相反的是，学生从内心来说都是愿意主动表现自我的，关键是我们的教师是否为他们创造了这样的机会，是否激发了他们的欲望。

一旦学生的交流之门被我们激发而开放的时候，我们应该特别关注对他们的信心的保护，让他们从中感受成功与快乐，从而愿意进一步表达自己观点或见解。当学生的英语表达正确的时候，我们要适时给予表扬、肯定、鼓励等；在无法用正确的英语表达的时候，可以先让学生用中文的形式记下来，课后再通过查找资料或寻求帮助进行翻译并逐步学会表达，师生利用适当时间进行互动交流，彼此的心灵发生碰撞，智慧火花被点燃，甚至交流中所获得成果也恰好成为导入后续课时的绝佳情境。

我们所追求的真实而纯洁的英语课堂教学，对于教学中两个主体来说是互惠互利的，教师获得了探索实践的空间和时间，学生也获得愉快和自信，彼此实现了教学观念的转变与智慧的生成，整个过程成为师生生命共成长的过程。

正如李政涛同志所说："身处教育世界中的生命，始终是在教育者与受教育者、受教育者之间的相遇关系中生成的生命。"而对于教师而言，"不仅仅是创造别人的精神生命，也应该是自我精神生命的创造者，教师在造就他人的同时也在成就着自己……不是眼望别人成长，而是永远和他的学生们共同成长"。

课堂教学生活是世界的一个部分，在师生眼中，它同样因为真实、纯洁而色彩斑斓。本真的英语课堂教学是需要教师对自我教学不断审视和追求，需要教师对教材不断内化和对教学结构的不断重建，也需要教师对教学对象的真诚解读。

教师的教学活动是有格而不拘泥于格的创造性活动。在这个过程中，教师始终以本真的人格魅力影响着学生的内心世界，激发着他们以纯真的心灵与教师对话，与教材对话，与生活对话，养成认真、积极的学习态度，并在学习过程中树立信心，形成健全的人格。

第二节　大学英语变构教学的特性研究

大学英语变构教学综合了学习者在学习过程中遇到的诸多问题，进而形成了变构教学的语境。这种理论通过复杂性系统思维，运用实证研究的方法，对生成学习与促进学习的条件进行整体预测，对发生学习的动机进行了解释，从而更好地促进学习。

一、概念在英语教学中的广泛性

变构教学的核心是概念体或概念系统，这是学习者进行新知构建的唯一工具和手段。概念体在很多学科中都有意义，例如，在高数上体现为"极限"，在物理中的体现的是"磁场"，而在计算机上体现为"函数"等，在上述这些学科中，概念体是一个相对宏观的、可控的量，在进行教材的编排时，这些内容都会被编成一个章节或是整个部分进行教学和实验。

然而，英语这门学科是个例外，在英语教学中，教材的编排大都是以某些社会话题为基础的，但教学的重点并不在这些话题上。英语教学的重点通常是放在词汇、语法、句法以及一些口头和书面表达上，教材上的话题可以用来导课。确切地说，话题只是教学的载体。在这样的教学情况下，每接触一个新词汇，学习者就要调动一个概念体，从而引起学习者的概念对质。

更何况是一节英语课上，学习者要接触大量的新词汇和新句型，学习的范围更广，导致学生需要在头脑中进行疯狂而强烈的思维活动，这种思维活动使英语课堂的教学随时面临着学习者对概念体的头脑风暴失去控制，导致课堂失控，学习者对学习新知出现恐惧和畏惧的情况。因此，将英语课堂范围进行合理限定，并在有效范围内对学习者的思维进行控制和干预，这是将变构教学应用到英语教学中的有效手段和先决条件。

二、学习者原有的观念具有固执性

变构教学模式在大学的应用较为广泛，大学的英语课堂与初、高中是截然不同的，初、高中阶段的英语学习多是受应试教育的影响，那种填鸭式的教育将不断扩充学习者的词汇量、阅读量和写作能力作为教学目标。

学习者受这种传统的学习方法影响较为严重，一时之间很难转变学习思维和方式。现代的英语教学更加提倡学生的自主教学和高效学习，注重培养学生的学习方法和策略。从变构学习模式的角度来看，学习策略也包含在概念体的范畴内。也就是说，在学习者进行语言知识的学习时，要活学活用，将所学的语言知识进行应用，从而将一些学习方法进行内化。

一些学习者在刚步入大学这个专业性学习场所时，面临着改变自己一直使用的学习方法，去接受新的学习方法，这个过程对于学习者来说是巨大的挑战。况且，大学英语开设的课程大都是有助于提升学习者的语言运用能力，还有就是对英语国家的文化和文学进行了解和研究，教师在课堂上的授课方式也大都是侧重英语技能的应用。例如，大学英语写作或阅读课堂上，教师会在课堂上组织学生就某个话题开展辩论赛，或是课前展示等。而很多受传统教育的学习者不能够领悟到这样实施教学的真正意义，还会认为大学的英语课堂根本学不到什么真正的知识，有些学习者会觉得上大学之后自己的词汇量反而不如以前了，等等。

这是学习者对英语学习产生的一种误解，学习者把英语词汇量的增加与语言技能的提升混为一谈，这种思维方式是不正确的。要想将学习者的思维从这种传统的观念中解放出来，就要在变构教学的环境中给学习者创造一种全新的语言使用环境，逐渐构建起以英语知识的运用为最终目标的学习观念。

三、英语变构教学在课堂上应用的局限

英语变构教学在课堂上应用的局限性主要体现在课堂教学时间的局限上，英语课堂教学时间短，这是短时间内难以改变的状况。在课堂上，学习者也许刚对某一话题有深入的了解并有兴趣继续了解，课堂时间就所剩无几了。久而久之，学生的积极性就会下降，而教师就会产生这样的想法，认为课堂只是引导学习者进行学习的地方，而真正的学习还是要靠课下学生自己的学习和积累。

然而，大学的学习涉及的课程较为广泛，学生在课后还要参与各种活动，导致很难保障每个学生在课下主动进行英语学习。这就要求教学者要变构教学理念，在课堂上充分调整各种教学因素对学习者的概念体进行干预，不仅要保证课堂上学习者的学

习效率,还要让学习者将学习的动力持续到课下。除此之外,教学者还要有效利用有限的课堂时间,课堂上的活动要以学习者的学习能力为依据,并根据具体的教学内容选择适当的学习方法。

例如,在教学中可以采取任务型教学,将学习内容情境化,有利于学习者接受新知,并能将所学的知识运用到实际生活中,真正体现出英语的社交和语言功能。此外,英语变构教学对深入调动学习者的概念系统有一定的要求,促使英语学习者的概念激活性较为长久,能够持续一段时间,方便学习者在课下和生活中学习和使用英语,从而完成知识的凝练。

综上所述,英语学习是一个复杂、烦琐的过程,而利用变构学习模型能够将学习者在学习过程遇到的问题和麻烦进行有效的化解和改善。将变构教学模式引进到英语教学中,要考虑到英语教学的实际情况,不能完全照搬,只有这样,才能将变构学习模式合理的运用到英语学习中,发挥其重要作用。

第三节 大学英语教学模式的变革与发展

创新教育是素质教育的不断深化。在传统教学中,教学是以知识的传授为宗旨的,忽视学生情感、意志、性格、兴趣等非智力因素的培养。在英语课堂上,教师常常以讲为主,重语音、词汇、语法等知识的传授,而不能有效开展各种教学活动,挫伤学生学习英语的积极性。

教师应重视学生作为"人"的教育——学生的全面发展。也就是说,英语教师的责任不只是单纯地教学语言,更重要的是帮助学生制定适当的学生目标,指导学生养成良好的学习习惯。创设丰富的教学情境,激发学生的学习欲望,充分调动学生学习的积极性,重视中西文化的结合,从而为真正实现跨文化交际打好基础。

一、课堂语言要交际化

英语的语言功能决定了它的交际性。师生双方在语言交际中互相沟通、互相启发、互相补充,从而实现教学相长和共同发展。比如,我们要把课堂上的大部分时间留给学生,指导他们做表演准备、表演、自编新的对话内容,再表演等。

当面对真实的交际场景时,学生会有一种强烈的表演欲望,课堂气氛活跃,人人争先表现,实现了课堂语言的交际化训练,从而使学生体会到了学习英语的乐趣。教师应当是学生自主活动的积极指导者,在学生语言交际过程中,教师应积极地看、听,真实地感受学生的行为,随时掌握课堂中的各种情况。教师还应表现出对学生的尊重、关心、欣赏和鼓励,创造良好的语言环境,减少学生的学习心理压力,让他们有成就感。

二、建立平等、和谐、民主、合作的师生关系

赞可夫说:"教学方法一旦触及学生的情绪和意志领域,触及学生的心理需要,这种教学法就变得高度有效。"因此,如何在教学中用真情实感感染学生,选用什么样的教学方法才能激发学生的学习兴趣,是每个教师面临的重要课题之一。和谐的师生关系是搞好课堂教学的前提,轻松和谐的气氛能激发学生参与活动的欲望,提高教学效率。教师应时刻注意自己的课堂行为,不用批评、责备的目光注视学生,要保持稳定的情绪,尊重学生的人格,保持和蔼的态度,使学生轻松愉快地学习知识。

三、培养学生自主学习能力

长期以来,英语课堂教学一直采用"注入式""填鸭式"教学法,导致学生被动学习,学习效率较低,因此让学生主动参与不失为调动学生学习积极性的好方法。如在教授阅读部分时,要求学生抓住文中重要词汇、短语和句型复述课文内容等,是提高学生多种能力、激发学生创新思维的有效方法。

学生运用发散性思维,改写文章,然后按照一定的顺序把课文口述出来。这种对

语言的再加工，就是给予不同层次的学生个性发展的空间。以教师为主导、学生为主体的教学，突出了学生的学，发挥了学生学习的自觉性和主动性，并提升了学生的创造能力。

四、培养学生的合作精神

合作学习不仅是一种学习形式，还是一种教学思想和教学模式。学生的合作精神在其认识发展中起着重要作用。在课堂教学中，我们应该重视培养学生的合作精神。比如，把学生分组，每个小组选一个组长，在做讨论性问题、综合性练习时，他们互相合作，有争议有合作，各抒己见，共同完成学习任务，将小组结果作为集体智慧的结晶在全班汇报。这样，每个学生都能参与其中，既提高了学习效率，又增进了同学之间的友谊。这种教学模式，在客观上培养了学生的合作精神，充分体现了英语课堂教学不仅是教授英语知识、学生学习英语的场所，而且是以学生身心的全面发展为目标、由英语老师和学生共同参与的社会活动，使学生学会倾听，学会合作，学会分享，学会互相帮助等。

五、最大限度地利用现代化教学手段

随着现代教学技术的发展，英语教学有了更广泛的发展空间。尤其是多媒体技术的应用，使传统的英语教学焕发出勃勃生机。合理利用这些先进的教学手段，有利于激发学生的学习兴趣，有利于提高课堂教学效率，增大课堂容量，提高学生的记忆保持力。

多媒体可以作为课堂教学演示工具，优化英语教学。在教学过程中，恰当地通过多媒体进行播放、演示和分析英语阅读教学的重点内容，可以很快地吸引学生的注意力，使学生喜欢看、愿意听、乐意学，不知不觉在愉快的教学氛围中学到知识，增强能力，发展智力，在轻松的气氛中受到启发和教育。

多媒体可以作为课程资源的开发工具，辅助英语教学。将备课中提前预设制作的、与课上阅读材料主题有关的内容、文字信息、教学图片、视频动画、各种影像和声音文本等展示给学生，然后结合教学内容补充有关的背景素材，帮助学生预习课文内容，自学词汇，激发学生学习兴趣，调动学生学习的积极性，为阅读的开展做好铺垫。

多媒体可以作为编辑试题和测试工具，辅助英语教学。现代多媒体可以提供各种丰富多彩、生动活泼、容量大的反馈信息，实现课堂练习的有效反馈，即时矫正，有效解决评价多元化的问题。通过语言图像和声音，同时作用于学生的多种感官，让学生如身临其境，既增强了趣味性，又开阔了视野，还降低了英语教学的劳动强度。

六、培养学生良好的学习习惯

传统的教学方式以"老师讲、学生听"为主，这样就容易造成学生学习积极性降低、学习被动的局面，因此，我们必须改革原有的教学模式，走教学创新的路子。时代的发展要求我们必须从枯燥的语言讲解和死记硬背中解脱出来，通过开展适合学生认知规律和生动活泼的课堂活动提高学生的兴趣，创造良好的语言环境，使其保持积极的学习态度，养成良好的学习习惯。

总之，要实现英语教学模式的创新和教学方式的变革，教师必须更新观念，树立创新意识。课堂是进行英语教学的主阵地，教师是课堂教学的领航人，采用什么样的模式，把学生指引到什么方向，关键在于教师。因此，教师必须有创新意识，脱离旧的教学模式，让英语教学变成以学生为主体、教师为主导的语言实践活动过程。教师要根据学生的特点选择教学方法，创造进行实践的学习环境，组织开展生动活泼的学习活动，从而使学生通过眼看、脑想、手动等综合活动进行交际性训练，培养交际能力，提高英语能力。

第四节　大学英语教学改革的必要性及思路

教育部曾对教学模式改革提出要求："新的教学模式应以现代信息技术，特别是网络技术的支持，使英语教学不受时间和地点的限制，朝着个性化学习、自主式学习方向发展，新的教学模式应体现英语教学的实用性，文化性和趣味性相结合的原则。"

由此可见，所谓的大学英语教学改革其实质是通过利用先进的技术手段创建一种全新的教学模式，使课堂教学从"以教师为中心"过渡到"以学生为中心"，使教学重心从以往的突出读写转变为侧重听说，使学生的学习由"被动型学习"转变为"自主式学习"。

在现代社会的发展与全球化的要求下，再加之教育技术的普遍应用，诸如教学系统观念、教学信息控制观念、教学设计观念等也深受影响而悄然发生着变革。同时，网络和多媒体的兴起似乎从技术上也保障了这种"以学习者为中心"的个别化学习形式。因此，为了适应种种变化和要求，传统的教学模式开始转变为"教师—媒体—学生"，这不仅要求教师和学生的行为角色发生转变，而且要求教学的方法和组织形式从"教师一言堂"转变为"小组教学、个别化教学和网络教学并举"的局面。

因此，合理有效地利用多媒体和网络手段来发展并培养学生自主学习的能力，并最大可能地融合好现代教育技术、教师和学生三者间的关系就是大学英语教学改革的要求和关键。在这种背景下，为了顺应时代潮流，在大学英语教学改革当中必然会体现出两种转换，其一就是教师角色的变化和重新定位，其二就是教学手段的多样性转变。

以下我们将尝试从语感、石化及归因心理等心理学的角度来重新阐释大学英语教学改革的必要性。

一、语感提升

作为一名语言学习者常常有这样的经历，很多时候不明原因只靠感觉的情况下依然可以找到正确答案，这种"感觉"就是我们现在所说的"语感"。语言学家王尚文曾说，语言能力是一个多层次、多方面的复杂系统，语感是它的核心。语感是在长期的规范的语言运用和语言训练中形成的一种带有浓厚经验色彩的比较直接、迅速地感悟、领会语言文字的能力。

很明显，要想应用好英语，应该具备良好的语感。但是，由于受传统教学及应试教育的大学英语要求突出"读"和"写"的影响，使老师过于偏重语法教学，采用"满堂灌""纯语法"的教师为主型的教学思路，一味地让学生死记硬背条条框框，并通过反复机械的句型操练来达到这一目的，结果却经常是不尽如人意。事实上，人们进行言语活动，尤其在"说"的时候，却不太可能依据所用词语的理性含义及相关的语法规则，而主要靠语感。

曾经有人在所教的几个大学英语教学改革班级中做了一次有趣统计。在第一个学期，基本上所有的学生都知道动词的第三人称单数在一般现在时中词尾通常要加"s"，但是把这一语法规则每次都能正确用于口语中的人数不到10%。经过了半年的听说练习，到了第二个学期，学生的语感度明显有很大的提高，能每次都正确运用的人基本达到了60%。到了第三个学期，比例又有所提升，基本达到了80%。学生的语感在短短的时间有很大的提高，这是与教改的实施与其优越性紧密相关的。

随着多媒体化教学改革的推进，创建了"大学生英语自主学习中心"，并在教材上有了很大变化。现在教材除了有原来传统的课本，还配备了配套多媒体学习课件、网络课程和电子教案等。听力教学不再是单纯地听，而是和说联系在一起，不仅如此，为增加趣味性，每课均有电影时间环节，用电影或纪录片片段、电视新闻等形式深化本单元主题。逢单课还加入空余时间，内含歌曲、谚语、诗歌、幽默故事、名人名言等，让教师调节课堂节奏和气氛。

从这一点上讲，听说教材实现了课堂教学环节中视听说的完美结合。这些对学生的语感实践是非常有帮助的，就是让学生接触和使用具体的语言材料，通过指导学生听、说、朗诵等方式，对学生的言语器官进行反复的言语刺激，形成敏锐、准确、丰富的语言感受能力。除此之外，这种基于多媒体网络技术的新型教学模式，提倡在教师指导下的、以学生为中心的学习这一过程中，不仅用了各种新鲜悦耳的声音刺激了学生的听觉，而且在视觉上采用了大量的色彩鲜艳的，生动的图片或者动画，这一过程会先激发学生的形象思维，随后就是把"形象思维"运用到口语练习，就这样的一个类似"理论"加"实际"的过程对学生形成语感分析是非常有利的。即是让学生在实践中，就语言的内容、形式和感受过程本身，结合自己的亲身实践与形象思维，做出分析判断。而形象思维与生活实践的参与是语感培养的重要组成部分。

二、石化现象

塞林克指出"语言石化现象是指英语学习者的中介语中一些语言项目、语法规则和系统性知识趋向于固定下来的状态，年龄的增长和学习量的变化对改变这种固定状态不起作用"。塞林克根据石化的程度将其分为暂时性石化（temporary fossilization）和永久性石化（permanent fossilization）。暂时性石化又被称为稳定化，它是石化的前兆。

研究表明，中国的英语学习者尤其是学生的中介语大多处于稳定化阶段，又称为"高原期"或"二年级现象"。由于稳定化并非真正的石化，因此学习者的中介语水平仍有可能向目的语靠近。但又指出，如果稳定化的中介语持续五年没有向目的语靠近的趋势，则会退步并形成永久性石化。

塞林克和勒门德勒提出，石化现象是由"内因"和"外因"造成的。内因指学习者认为自己的语言能力已不再需要发展，外因指学习者脑神经结构由于年龄增长而发生变化，限制了学习能力造成语言能力发生石化。但目前理论界对此关系尚无定论，几乎所有建立在生理基础上的对于语言习得过程的阐释都处于假说阶段。而且，由生理因素造成比语言习得障碍似乎更顽固，更难以改变，所以导致暂时性石化的决定因素应是心理因素。

很多大学生的语音石化现象主要是由缺乏工具性动机（instrumental motivation）引起的。事实上，许多大学生并不缺乏英语学习的工具性动机，但强大的工具性动机并没有体现在语音习得中。这主要因为：第一，各类考试中，语音的优劣并不十分影响成绩；第二，在实际交流中，语音错误往往并不影响交流的顺利进行。因此，语音上的错误和石化现象总是没有引起人足够的重视。而语音的石化现象直接导致的结果就是学生在英语听力和口语上遇到了"石化"。

此教学变革可谓是改善听力和口语"石化"现象的一剂催化剂药，激发了学生对口语和听力的兴趣，极大地减缓了大学生听力和口语的"石化"，在有效的时间内改善了稳定的石化，使学生向目的语英语发生正向"移情"，而减轻"石化"现象。

此外，在新的大学英语教学改革的大环境下，现在转变到训练学生用英语进行思维、表达思想、交流信息的综合应用能力来，进一步促进学生的学习兴趣，提高学生的英语应用能力。另外，丰富的课外网络资源，给学生打开了一个绚丽多彩的英语世界，脱离了枯燥的书本，可以用自己喜欢的方式来学习，甚至可以寓学习于娱乐中，这一过程不仅给学生创造锻炼英语听、说、用的机会，从而创造了一个课内外相结合的"立体化"英语学习环境，而且能极大地激起学生对学习英语的兴趣。在这样的环境下，能改进学生对口语和听力的态度，用兴趣这个最好的"老师"，有目的、有意识地改进自己在英语上的石化问题。

三、归因心理

归因论是从结果来阐述行为动机的，主要指人们知觉到谁或什么事应对自己生活中的事件或行为负责。不同的归因会直接影响人们的行为态度和积极性，进而影响随之而来的行为状态和工作绩效。在学习中，学生对自己的行为结果进行归因时会引起两方面的心理变化。

大学英语教学改革带来的新的教学环境和教学模式促进了学生学习角色的转变。

学生从以往被动接受知识转变为主动参与,成了每堂课的主角,学习的主动性、积极性、能动性得到了充分激发,学习英语的兴趣、说英语的自信心有了明显提高。在我们对试点班学生进行的随机问卷调查中,100%的同学认为"新的教学模式对他们最大的影响是提高了学习兴趣"。在大学英语教学改革座谈会上,有93%的同学认为新的授课方式最大的特点是"有用"。教师们也反映,开课之初,90%的同学在回答老师问题时,通常只选择"yes"或"no"。教师课堂上准备的练习话题或问题,很快就可以结束,而经过一段时间之后,除了同学们能在回答问题时自己主动发挥之外,还有很多同学愿意主动回答问题。

现代大学英语教学以学生为中心,以人为本。其在教学过程中的运用就是尊重学生个性,遵循教学规律,因地制宜,因材施教,让每个学生找到成功和进步的感觉。这样的成功感会引起较强的反应,会极大地提高学生学习英语尤其是增强英语"听说"这一薄弱环节的信心,极大地提高积极性,产生进一步学习的欲望,逐渐形成一种良性循环,并逐步培养一种"世上无难事,只怕有心人"的心理。

作为一名第一线的大学英语教师,笔者在从教过程中,亲眼见证了大学英语教学改革给大学英语教学带来的活力和效果。虽然不可否认,在改革过程中还是有很多不尽如人意的地方,但是随着大学英语教学改革的深入推进改进,一定会给我们的大学英语教育带来新的局面。通过大学英语教育,培育出符合社会发展的,满足全球化的需求的人才。

第三章　大学英语教学改革的趋势

第一节　大学英语教学核心要素的特征及教学模式的转变

以教师为中心的知识传授教学转向以学生为中心的综合应用能力教学模式，既是"本真"的大学英语教学应有的承诺，也是信息技术飞速发展的必然结果。

计算机技术日新月异的进步使其功能有了跨越式的发展，在英语教学方面，已远远超出了其辅助功能，逐步走向主导。大学英语教学的教材、时间、空间、媒介、学习者、教师等教学中的关键变量都将呈现出全新的特征，预示着大学英语课程教学网络环境的形成。由于网络语言中英语独特的话语权地位和英语学习者得天独厚的语言便利和可及性，使大学英语课程教学首先受到显著影响。大学英语课程教学中的学习者、教师、学习内容等核心要素被赋予了新的内涵，学习者正在形成一种新的心理空间和认知空间。

同时，教师与学生角色的根本性变化对大学英语教师的课程教学与研究也提出了新的更高的要求，首要的任务是"实现教学理念的转变，即实现从以教师为中心、单纯传授语言知识和技能的教学模式，向以学生为中心、既传授一般的语言知识与技能，更加注重培养语言运用能力和自主学习能力的教学模式的转变"。

一、以教师为中心的教学模式的局限性

大学英语教学是高等教育的一个有机组成部分。传统上，大学英语课程计划和教学在特定的时期、在一定的循环内部发生、发展，大学英语课堂教学任务的设计和实

施以及教学评价的手段和目的旨在确认教学任务的达标情况；学生未取得主体地位，在学校这个特定的空间被动地接受英语教育，且有一定的修业年限；大学英语课程内容在覆盖范围和编制程序等方面都有硬性规定；评价形式单一，教材、软件、教学辅助设备等教学媒介基本上是线性的和预先决定了的；教师是大学英语教学的主体和中心，是学生学习、获得英语相关知识的最主要渠道，是"牵引"学生学习。以教师为中心的大学英语教学模式中，教师、学生和教学媒介呈现的相互关系是从教师到学生、从教材到教师与从教学媒体到教师的强交互，而从学生到教师、从教材到学生、从教学媒体到学生则是弱交互。教师除严格按教学要求完成教学任务外，不能够决定教学目的和教学计划设计。教师在课堂的教学、知识传授主要体现在泰勒模式的六步循环之中：确定自己的课堂教学任务，使学生能力达到教学目标要求，设计课堂教学过程，按教案授课，根据反馈信息重新分析课程和教学方法，以及调整教学方法等。在网络多媒体环境下，这些传统的教学模式、教学内容以及教学方法等都不能够适应新的大学英语教学情境要求。

二、大学英语教学核心要素的主要特征

网络环境下，大学英语课程发展和教学出现了新的特征，在很大程度上不同于传统的大学英语教学模式。计算机网络与英语课程的融合至少取得了英语教学打破教材为知识唯一来源、创设理想的英语学习环境和改变传统的教学结构三大突破，课程不再是绝对规定性的，教师也不再是学生获得知识的唯一连接点。网络信息量极其丰富，但是零乱无序，不具备传统意义上课程在内容范围和程序编制方面的确定性和良好结构。网络信息直接指向学生，学生成为学习的中心，他们可以"控制"学习媒介和"课程"的程序，可以自主选择学习的时间、地点和内容。学习是非线性的和无连续性的。在网络环境下，大学英语课程教学中的学习内容、教师、学生等主要对象都被赋予了新的内涵。

1. 面向世界知识的学习内容

网络环境下，大学英语学习者接触、学习的内容极其丰富繁杂，远远超出必修课

程和选修课程的教材内容体系，而延伸到与学生当下学习主题相关的影像资料以及从网络上获取的各种信息资源。网络信息和世界知识更直接地指向学习者，不再需要中间环节，学习者可以完全依据自己的兴趣、爱好和对自己未来规划的需要自主、自由地选择、重组、再加工。网络所提供的超媒体、超文本信息，以及跨学科、跨时空和面向真实世界的链接，构建起了使学习者走出大学英语课堂、融入社会实际英语使用情境的内容体系，有助于实现学习内容与学生之间的双向强交互，因此更好地体现了大学英语课程兼具的工具性和人文性，从而在结合大学英语课堂教学巩固语言基础的同时，也成为学生拓宽知识领域、了解世界文化的素质教育课程。从构建课程的角度看，为学生的研究性学习、创造性学习和解决问题提供了更为便捷有效的认知工具和认知空间。

2. 教师主体地位的淡化

随着学习内容的改变，大学英语教师的角色也相应地发生显著变化。与过去直接的语言知识传授、严格监控的教学活动模式相比，教师更应该强调通过设计重大语言学习任务或问题引导学生学习和提高学生学习的积极性，隐藏或淡出自己的中心地位，帮助学生成为学习的主体，并设计真实、复杂和开放性的语言学习环境与问题情景，诱发、驱动并支撑学习者探索、思考与解决问题的活动。

教师的"中心转向"及其责任之一就是放弃教学过程中的绝对主导者角色，转为学生自主学习、自我思考、自我发现的促进者、组织者和指导者，帮助学生理解不断变化的环境和自己，最大限度地激发他们的潜能。以学生为中心，强调用真诚、信任和理解的根本原则，强调学习方法。因此，教师要充分信任学生，对学生的任何具有独立性思想与感情都应予以认可，相信他们能够充分发挥自己的潜能。尊重和理解学生的内心世界，使学生获得安全感和自信心，获得真实的自我意识。

教师中心地位的隐藏或淡化并不意味着教师中心地位的丧失。相反，在传统教学模式向网络背景下大学英语课程教学转型开始发生时期，借助网络操作简单、功能强大的搜索引擎，教师有了成为学校课程发展领导者的机会。随着越来越多的大学英语教师和大学英语学习者走向"键盘",大学英语教师有了更为广阔的调用网络资源的发展空间,进而发挥新的教学指导作用:超越时空地以超文本的形式与学生在线直接交流,随时随地帮助解决学生学习中遇到的各种问题。

根据特定目标和特定学生设计不同的网络课程任务,对学生进行针对性的"因材施教"。依据问题、兴趣、需要等,整合不同的主题,建立跨学科的联系。引导学生在网上"电子畅游"世界,开阔眼界,以亲身探索经历构建坚实的图式基础。引导学生通过网络培养阅读、听说、写作等技能,强化批判性和创造性等高级思维能力。将娱乐性、参与性强的网站引入教学内容之中,激励和刺激学生"人机互动",寓教于乐。在现实的语言体验中内化语言知识,形成并不断提高综合语言应用能力。

3. 学习者主体地位的突显与学习者意义的建构

中国古代关于学习过程最为典型的理论有五阶段论,即"博学之,审问之,慎思之,明辨之,笃行之"(《礼记·中庸》)。现代西方学者侧重突出学习者在学习中的地位。行为主义的学习理论强调学习刺激与反应联结,主张通过强化模仿来形成与改变学习者的行为。认知主义的学习理论强调学习是认知结构的建立与组织的过程,重视整体性与发现式的学习。人本主义的学习理论(以罗杰斯"以学习者为中心"的学说为代表)强调学习是发挥人的潜能、实现人的价值的过程,要求学生愉快、创造性地学习。当代的多元智力理论所倡导的是一种积极的学习观,认为人的智力是由分析性、创造性和实践性三个相对独立的能力方面组成的,绝大多数人在这三方面的表现不均衡,个体智力上的差异主要表现在这三个方面的不同组合上。每个学生都有自己的优势智力领域、有自己的学习类型和方法。建构主义学习观认为,每个学生都不应当等待知识的传授,而应基于自己与世界相互作用的独特经验去建构自己的知识并赋予经验以意义;强调学习的积极性、建构性、积累性、目标指引性、诊断性与反思性、探究性、情景性、社会性以及问题定性学习、基于案例的学习和内在驱动的学习等。学习是个体建构自己知识的过程,以现有的知识经验为基础对新信息进行编码,建构自己的理解,"生长"出新的知识经验,并在信息积累过程中,不断对新、旧知识经验的冲突引发的观念转变进行结构重组。由于经验背景的差异,学生对问题的理解常常各异,在学生共同体之中，这些差异本身便构成了一种宝贵的学习资源。学习者所需要的更多是可以增进他们之间合作的机会，整合不同的观点，进而促进学习活动的有效进行。

在网络环境下，大学英语学习者所扮演的不再是某一种单一的角色，而可以说是上述各种角色的综合。学习者在人格上获得了与教师平等的主体地位，成为能"充分发挥作用的人"，他们的学习是主动的，不再是被动的刺激接受者，而成为教与学的主体，是信息加工与知识的主动建构者，通过网络媒体创造的学习环境，按照自己的需要调节内容呈现的形式和进度。通过网络工具，他们可以有效控制自己的学习进程，在寻求理解的过程中进一步产生新的学习动机，自己决定信息的关联及其程度，要求课文只给出"大观点"的结构，期望情景性的评价机制。随着学习者在大学英语学习过程中独立性、自主性和创造性主体地位的提升，在现实语言的交互中自身的语言知识经验得以有效"生长"，学习者意义也同时得到合理建构。

三、大学英语教学模式转变的基本原则

当代教学理论在教学方法上对讲授法加以改造，注重学习的心理因素。行为主义的教学方法把刺激—反应作为行为的基本单位，认为教学的艺术在于如何安排强化，程序性教学方法设计严格遵循逻辑程序，目的是保证学生在学习中把错误率降低到最低。认知主义倡导发现法，强调学习过程、直觉思维、内在动机和信息的加工和提取。人本主义重视教师的促进作用，帮助学生构建意义学习，鼓励学生人人参与、自我发起、自我评价。建构主义要求把所有的学习任务抛锚在较大的任务或问题中，重视学习者发展对整个问题或任务的自主权。建构主义教学方法首先是设计支持并激发学习者思维的学习环境，鼓励学习者根据可替代的观点和背景去检验自己的观点，提供机会并支持学习者对所学内容与学习过程的反思。

上述教学方法都是基于知识传授的方法。随着网络时代的到来，大学英语教学模式的设计需要考虑出现的一系列新的变化：以教师为中心向以学生为中心的转变、单一意义刺激向多意义的转变、单一路径向多路径的转变、单一媒体向多媒体的转变、

个人学习向合作学习的转变、知识传授向信息交流的转变、被动学习向互动和主动参与学习的转变、事实记忆向研究型和探究型学习的转变以及孤立、人为语境向真实世界语境的转变等。

对这一社会变革力量，我们不能采取"等等看"的态度。这不是一个网络"是否"会改变大学英语课程教学的问题，而是"如何"和"何时"改变的问题。"何时"即"现在"。构建大学英语课程教学新的范式势在必行。基于上述分析，大学英语教学"中心转向"几个基本的原则是：学生和教师都将同时成为学习者。大学英语课程教与学的过程将会是互动的和多向的交流形式，而不是单向的知识传递。教学手段是多媒体的。网络将得到更为广泛的应用，学习资源以多媒体的形式呈现，教学手段趋向多元化。学生自己决定学什么和怎么学去构建自己的知识，不再是被动接受式学习。

教师的主要角色将是引导者（guide）、指导者（mentor）和辅导者（tutor），教师应是反思的，而不仅仅是经验型的。学习需要一套基本的学习技能，包括对新技术的应用能力和认知以及元认知技能等。学习环境必须彻底重新构建。大部分学习经历将指向现在或将来，而不再指向过去。学习者考虑更多的将是自己未来的规划，知识的学习和技能的培养与未来有更为密切的关系，并在学习中得到充分体现。对学生的评价应是连续的和发展的，而非一次性和完全标准化的。

为此，大学英语课程教学也应予以重新设计。在网络环境下，以计算机为核心的现代教育技术、教学内容、教师、学生应构成一个生态化的大学英语教学环境，使教师与学生在整合的教学情境中相互作用、相互补充、相互转换，充分发挥教师和学生在教学中的积极作用。

第二节　大学英语教学改革存在的问题及其对策

2007年，教育部正式颁布实施《大学英语课程教学要求》（以下简称"要求"）。自此，大学英语教学改革实践在全国各高等学校展开。"要求"指出，大学英语课程是大学生必修的基础课程，不仅明确了大学英语课程地位，而且从教学性质与目标、教学要求、课程设置、教学模式、教学评估、教学管理六个方面对大学英语教学实践提出了具体要求。纵观近年来的大学英语教学改革,虽然取得了一定的成效,但也存在诸多争议。本节分析了大学英语教学改革存在的问题及其原因,并在此基础上提出进一步深化大学英语教学改革的对策,力图为大学英语教学改革的未来发展指明了方向。

一、大学英语教学改革存在的问题及其原因分析

"要求"是各高校开展大学英语教学改革的纲领性文件。各高校要在此基础上根据自身办学特色,制订与之相适应的英语课程体系、课程内容等具体的教学改革实践方案。从各校教学改革实施的方式与效果看,大学英语教学改革存在以下三个主要问题。

(一)大学英语教学改革的目标不明确

当前,大学英语四、六级考试已成为许多高校开展英语教学改革的指挥棒。各大高校从四、六级考试题型和内容中捕捉大学英语教学改革的方向,使大学英语教学沦为应试工具。自1987年我国推行大学英语四级全国统一考试以来,四、六级考试的题型进行了多次调整,这种变革与大学英语教学改革是相呼应的,但四、六级考试仍无法全面反映大学英语的教学要求。在四、六级100分制阶段,考试题型侧重语言本身,较少涉及英语应用能力测试,后期逐步加大英语听说能力测试内容的比重。在710分制阶段,不划分及格线,不颁发证书,只发成绩单,突出对听说能力的考查。听力分值由原来的20%上升到35%,阅读部分维持在35%的比重,但考查的内容与形式越来越偏向实际应用。四、六级考试只是用于评价学生英语学习效果,衡量学生是否达到大学英语教学目标的能力要求的一种方式,而不应该作为唯一的教学目标。

部分高校出台了"达到四、六级考试及格线的学生可申请免修大学英语课程"的规定。部分中学英语基础扎实的学生进入大学后,只要通过入学后的第一次四级考试就能"免修"大学英语课程,这与"要求"的指导思想背道而驰。"要求"不仅指出大学英语是必修的基础课程,而且建议"学校的学分制体系要体现学生大学英语课程的成绩,保证大学英语的学分占本科总学分的10%"。为了督促通过四级考试的学生

继续修读大学英语课程，有些高校推出六级、雅思、托福英语考试等各种培训班。雅思、托福考试比四、六级考试更注重考查学生语言之外的能力，要求考生不但要有扎实的语言基础知识，还要有灵活的语言实际应用能力。不可否认，雅思、托福考试已成为评价学生英语能力的一种辅助手段，但仍然不能作为大学英语教学的目标。

大学英语教学沦为应试教育的主要原因包括：大学英语教学目标不明确，将培养学生达到四、六级考试的及格线作为大学英语教与学的目标，忽视了学生英语综合应用能力的培养。大学英语教学评估体系单一、不科学，尤其缺乏对学生自主学习、英语实际应用能力的评价，将四、六级考试达到及格线或托福、雅思成绩作为衡量学生英语能力的主要标准。

（二）大学英语自主学习流于形式

"要求"建议变革传统英语课堂教学的"教"与"学"关系，建立以"学"为主、以"教"为辅的新模式，培养学生的英语自主学习能力，并在此基础上，构建个性化的大学英语教学模式。这就要求在英语课堂教学中渗透自主学习模式，通过"自主"的教学方式，逐步提高学生的自主学习能力。显然，这种教学模式的成功需要"教"与"学"两方面的协同作用。一方面，高校必须统筹各方资源，包括英语教师、计算机技术人员与管理人员，搭建基于校园网的英语自主学习平台，为学生提供丰富的线上学习资源；另一方面，学生要充分利用课外时间，开展在线英语自主学习。

然而，强调自主学习的教学模式并没有充分调动学生自主学习的积极性，未能达到预期的教学目标。究其原因，主要有以下几方面。一是自主学习平台建设滞后，有些高校甚至尚未建立英语自主学习的网络平台。二是自主学习的线上资源有限，主要内容仍是四、六级模拟考试题或雅思、托福考试题，缺乏与英语综合应用能力培养相对应的学习资料。三是学生自主学习的自觉性欠缺，缺乏有效的监督措施和评价手段，单纯依靠学生自觉进行课外网络自主学习难以取得理想效果。因此，构建和利用在线资源，促进学生开展自主学习，以提高英语学习效率是推进大学英语教学改革的难点之一。

（三）英语应用能力培养的措施不到位

"要求"提出大学英语的教学目标是"培养学生的英语综合应用能力"。但遗憾的是，大部分英语教师无法准确描述出到底什么是英语综合应用能力，更不用说采取具体的应用能力培养措施。"要求"中也没有对综合应用能力做出明确定义。有学者认为，"要求"对"综合应用能力"概念缺乏明确界定，使各高校对英语综合应用能力的培养无所适从，甚至走入误区。

许多高校还没有将"要求"落实到可操作层面，只是在传统课堂教学的基础上，增加了一些自主听说的学习课程。这些自主听说课程由于资源不足与学生自觉性不强，难以取得预期效果，这导致英语综合应用能力的培养流于形式。英语综合应用能力包括哪些内容，如何培养学生的英语综合应用能力，直接牵涉到大学英语课程体系、课程设置等问题。课程体系和课程设置对教学具有引领作用。课程设置不当，英语教学就有可能走弯路、走错路，英语应用能力的培养自然成为空谈。

二、深化大学英语教学改革的对策

（一）明确大学英语教学的目标与任务

"要求"指出，大学英语教学的目标应是培养学生的英语综合应用能力、提升学生的自主学习能力与提高学生的文化素养。其中，最重要的是培养学生的英语综合应用能力。大学英语教学要培养包含听说能力在内的综合应用能力，以改变传统"聋哑"英语的被动局面，提高学生的英语交际能力。

虽然强调听说能力的培养，但也不能削弱英语其他应用技能的培养。英语综合应用能力包括听、说、读、写、译等多方面内容，除了要重视听说能力的培养，英语阅读能力、翻译能力和写作能力也不可忽视。阅读能力是听、说、写、译等各种能力的前提和基础，是语言知识和文化信息输入的主渠道。在英语听说环境受限的情况下，阅读是人们接触英语最方便快捷的途径。

（二）构建各具特色的大学英语课程体系

大学英语课程体系的设计要立足于学校及学科人才培养的需求，从学校的办学与人才培养目标出发，构建具有各高校特色的大学英语课程体系。在构建大学英语教学课程体系时，要充分考虑学校部分学科发展的需要，采取大学英语教学"四年不断线"的方式，培养高素质、具有国际视野的学科人才。一、二年级主要为学生开设综合英语课程（读写课和听说课），三、四年级主要开设以专业英语或学术英语为主的特殊用途英语课程。特殊用途英语课程是英语基础课程与专业双语课程之间的桥梁。通过特殊用途英语课程，及其后续专业双语课程的教学，使学生顺利地从大学综合英语的学习过渡到英语的专业应用类课程的学习。

英语教师要相对固定于一个专业的英语教学，了解相关专业学科背景，积累相关的专业英语资料，向学生推荐与专业基础知识相关的英语听力或阅读材料，使学生在双语课程、专业英文学术报告的熏陶下，潜移默化地接受英语应用能力的培养。

（三）深化听说教学改革

"要求"提出，"培养学生的英语综合应用能力，特别是听说能力，使他们在今后学习、工作和社会交往中能用英语有效地进行交际"，因此在教学实践中，着力提高学生的听说能力。

当前许多高校首选的应对策略是适当增加听力课的课时，有些高校英语读写课与听力课的课时比例达到1∶1。除此之外，各高校应深化听说课程教学的改革。一要贯彻"以说带听、以听促说、听说并举"的课内教学原则。不但要在听力课中强化听说，还要在读写课教学中重视听说训练，实现各种教学场合的听说并举，达到提高学生听说能力的目的。二要合理规划在课外时间实施英语听力的教学。除课内教学外，教师要指导学生在课外时间开展听力训练。实行英语四级考试及格后大学英语免修制度的高校，可组织免修学生开展自主听力学习。一方面教师要为学生提供课外听力材料，另一方面要进一步完善英语网络自主学习平台，为学生的课外听力训练创造条件。

（四）培养学生自主课外阅读的习惯

阅读优秀的英语文学作品，可以提高学生的英语实际运用能力。在非英语专业学生中开展课外阅读英语文学作品训练，充实学生英语阅读的"内容图式"，将对学生英语综合应用能力的培养发挥基础性作用。

国内部分高校利用网络自主学习平台，开展学生的英语课外阅读教学实践，但效果不甚理想。课外英语文学作品阅读教学应重视过程性评价。一要以学生为主体，在学生理解作品内容的基础上，教师阶段性利用读写课的教学时间，进行互动交流。师生互动、平等参与的生动情景和各种有趣的竞赛活动能提高学生的阅读兴趣，让学生认真品味和欣赏英语文学作品，避免学生对英语文学作品阅读产生抵触情绪。二要制订合理的英语文学作品阅读分级教学目标。教师要根据英语文学作品的难易程度，分配相应的阅读分值，引导学生根据自己的英语基础选择不同分值的文学作品进行阅读。教师要分阶段对一、二年级学生的英语文学作品阅读进行评估，要求学生每个学期完成一定量的文学作品阅读任务；对三、四年级学生实行英语文学作品阅读奖励制度，每学期根据学生的阅读分值进行奖励，逐步培养学生自主阅读英语文学作品的习惯。

综上所述，高校英语教师要以"要求"为纲领，以学校的办学定位和学科建设为服务对象，精心设计大学英语课程体系，构建合理的课程设置，引领正确的教学方向。同时要分析当前英语教学改革面临的问题，主动求变，采用"四年不断线"的做法，在强化听说训练的基础上，将大学英语的教学延伸到学生的专业学习，上来促使学生顺利地从普通英语学习向专业英语课程、专业双语课程学习过渡，逐步提高学生的英语综合应用能力。

第三节　大学英语教学改革的趋势

一、教育信息化趋势下的大学英语教学改革

经过不断发展，教育信息化已在国内高等教育界掀起了教育变革的浪潮，必将使

教育教学理念、教学方式方法、教学资源配置、教学管理体制等方面产生剧烈的变革，推动高等教育的重塑。席卷全球的"慕课"、国家精品开放课程、"微课"等，都是对传统高等教育的冲击和挑战。基于网络平台的优质学术资源可方便地传播和共享，促进了教育公平及教育均衡发展，降低了教育时代的"马太效应"。

那么，如何把握教育信息化趋势下的大学英语教学改革，是我们亟待思考的问题。

（一）信息化趋势下的大学英语教学改革

随着信息化在全球范围内的迅速扩展，以及信息技术在教育领域的广泛应用，教育信息化已经成为教育发展过程中的一场深刻变革。

从教育教学过程来看，教育信息化在高等教育方面主要推动了以下几个方面的变革。

一是信息技术的支撑。信息技术在教学过程的融入，让教学的方式方法发生了深刻的变革，如多媒体教学、网络教学、数字化教学等多样化的教学方式的出现，使信息化成为高等教育育人过程的基本条件。

二是教育理念的创新。信息化推动了教学模式和方式方法的改革，对整体的教育教学过程都产生了深刻影响，比如课程组织、管理方式、评价体制、激励机制等方面都需要重新架构。

三是实现教育的个性化。信息技术在教育领域的介入和信息化教学平台的应用，使传统的难以实现的教学管理组织和要求成为现实。面对知识水平参差不齐的学习对象，大学可以通过信息化手段实现学生学习层次的分类，进而开展个性化、模块化教学。

高等教育教学信息化是教育信息化工作的核心，是关系到高等学校教育教学改革的关键环节，促进高校信息技术与教育教学的深度融合已成为现阶段教学改革的主要趋势。

这一趋势下的主要工作就是围绕应用信息技术手段创新人才培养模式和课程教学模式，研究建立信息化教学中针对学生的学习评价机制和针对教师的教学评价与激励机制，以及推动高校基于信息技术的"跨校选课、学分互认"、课程共享机制建设和激励优质课程资源共享等。从外部环境来看，经济社会发展对大学的人才培养需求和学生的个性化学习要求，使高等院校必须在新常态下着力把握教育信息化趋势下的大学英语教学改革，顺势而动，大胆探索，从基于信息化环境的校内公共课程内容建设、教学模式建设、评价机制建设等方面入手，结合教学实际打造适合自身的信息化教学新模式。

（二）教育信息化趋势下大学英语教学模式发展及现状分析

1. 大学英语教学模式发展

在教育信息化推动下，大学英语教学改革也进行了努力创新与尝试，基本的教学模式主要经历了计算机辅助大学英语教学、网络架构的大学英语自主学习平台、信息技术与大学英语课程教学深度融合三个发展阶段。

（1）计算机辅助大学英语教学模式

现代信息技术的发展为大学英语的教学改革提供了良好契机。如今几乎所有的高校都实现了计算机辅助教学，计算机辅助教学强调计算机是教学的"辅助工具"。虽然能将课堂内容通过多样化的内容展示出来，但学生仍被认为是知识的灌输对象，是被动的接受者，教学内容也往往不离教材。这种教学模式将多媒体教学引入英语课堂，改变了过去教师加黑板的传统单一的课堂教学模式。从本质上讲，该教学模式在大学英语教学方面并未能发挥显著的效果，也和以往的教学模式大同小异，并且单一的教学模式已经完全不能满足现代教育及社会的需求。

（2）网络架构的大学英语自主学习平台

近年来，许多学者强调将建构主义理论运用于高等教育，建构主义理论认为知识不是通过教师或外界传授得到的，而是在一定的情境下，借助其他人（教师或学习伙伴）的帮助，利用学习资料，由学习者自己完成对知识的构建。它认为教师和学习者同等重要，同时肯定教师的主导作用和学习者的主体地位。

基于建构主义理论，网络架构的自主学习平台逐渐成熟并走进高校。此类平台要有一定的硬件作为基础，由资源库、学习平台、学习工具、考试测评、讨论区等模块组成。这种学习模式似乎颠覆了传统的教学模式，突出了学生的主体地位，学生由被动的"接受者"变成了学习旅程的"驾驭者"。

但同时也不能忽视教师在学生自主学习过程中的引导和监督作用。首先，平台有一定的课程设置，学生必须在完成基础学习并通过测评后才能进入更高一阶的学习；其次，平台有一定的自动监督机制，如学习满4分钟才能开始测试，5分钟没有学习状态，计时会停止等防止学生刷课的现象；同时，学生可组成不受地理位置限制的小组共同讨论并完成学习任务。最重要的是教师可进入教师平台，掌握学生的学习情况，并根据每个学生的不同情况，下达下一部分的学习任务，处理学生在学习过程中出现的问题，并可公开辅导、解答共性问题。同时还可统计评估整个年级学生的学习数据，作为进一步深入学习的依据。

这种自主学习模式通过构建特定的学习环境，学生根据自己的特点和学习兴趣主动选择学习时间、学习方法，组织学习过程，提高英语听说及运用能力，这种自主学习方式是以"快乐学习、终身学习"为最终目标的。

（3）信息技术与大学英语课程教学深度融合

在如今信息量巨大、新技术不断涌现、日新月异的社会变迁中，大学英语教学也在不断改革中完善并步入了信息技术与课程深度融合阶段。基于互联网和校园网的多媒体教学模式强调个性化教学与自主学习，学生可根据教师的指导及自己的特点、水平、时间、学习方法等，通过自主学习室的学习软件和校园网大学英语教学平台中的"英语资源库系统"和"教学/学习管理系统"，实现非定时多地点的学习，即学生可以选择适合自己水平的学习内容、选择适合自己的学习时间，并根据自己的学习方法，在校内自主学习室、电子阅览室、图书馆或寝室随时随地进行学习，并能及时了解自己的学习进步情况，得到相关信息反馈，调整后续学习策略，达到最佳学习效果。在教学应用方面，部分课程真正利用网络教学辅助平台，构建了网上学习、课堂讨论、社会实践三位一体的信息技术与教学深度融合模式。

2. 大学英语教学改革现状

英语语言素质是国际化的人才培养必然要求。近年来，国内大学进行了不同程度的改革，亦初步取得了一些改革成效。但是随着高等教育办学的日益开放、人才素质要求的提升以及"互联网+"对传统教育形态的颠覆，大学英语已有的教学模式尚存在一些深层次的矛盾，如分级分类教学改革深度不够、四级后教学模式钝化、个性化教学缺乏等。

从国内大多数高等院校大学英语改革现状来看，分级分类教学在传统教学模式中占有主导地位。然而分级分类的缺陷是改革的深度还不够，这种教学组织方式只是按高考分数高低和专业差别进行粗略划分和开展教学。

四级后教学问题也是当前大学英语教学长期困惑的改革瓶颈，是现有教学模式所解决不了的。通过四级考试的学生学习动力不足，学生到课情况较差，由于未能建立相应的考核机制，教师对学生缺乏教学过程的约束力。这些问题影响了正常的教学秩序，同时也是长期困扰大学英语任课教师的问题，在一定程度上挫伤了教师的教学热情和积极性。同时，面临大学生出国留学、学习深造、创新创业等方面的迫切需求。现阶段的大学英语教学没有从根本上实现个性化教学，课堂教学依然是以大班教学为主、以教师为中心，并没有实现学生学习的个性化定制。

基于现有教学模式和教学过程中的这些深层次问题，需要考虑如何把握信息化趋势和"互联网+"的改革态势，做好面向大学生的大学英语教学改革，即如何把学生分层次，制定灵活的学习机制，实现学生的个性化学习需求等。

（三）基于信息化的分层次教学模式改革

1. 大学英语分层次教学模式构建

大学英语分层次教学在国内高等教育领域已有一定的理论与实践基础，如今已成为大学英语教学改革的主要趋势。分层次教学是被很多大学实践的新大学英语教学模式，只是各个高校的分层模型不尽相同。最初采用的是按照学生入学成绩分层，并且大多采用流动层级的教学模式：入学成绩高的采用高阶教学，其余则次之，同时根据本阶段的考核结果决定下一学习阶段的学习层次。这样的分层教学模式给学生造成了一定的负面影响，不利于教学的进行和人才的培养。

近年来，随着高等教育的快速发展和大学英语分层次教学模式改革的日益深入，单纯以高考入学成绩分层的教学模式已经不能满足社会需求和学生自主学习要求，大学英语教学从多方面对大学英语进行分层。主要有以下几个方面：一是不同学科专业对英语的要求程度不同；二是不同专业学生将来就业后所从事的行业对英语的需求不同；三是学生基于自身兴趣对英语的爱好程度不同。现有研究与实践证明考虑以上诸多因素的英语分层次教学能有效减少英语教学的盲目性，提高教学效率，节约教学资源，调动师生的教学积极性，对培养国际化的高素质创新人才具有与时俱进的重要作用。

大学阶段的英语教学分为一般要求、较高要求和更高要求三个层次。分层次教学就是根据学生的英语基础、学习能力、兴趣特点、专业方向以及将来有可能从事的行业要求等因素，设计不同的教学目标、制定教学方法，有针对性地对不同层次学生进行相应的学习指导，使每个学生在英语学习方面都能达到最佳效果。在我国古代，就是所谓的"因材施教"，而如今则是在"因材施教"的基础上，同时关注社会对人才的个性化需求。

2. 信息化与分层次教学改革实践

在教育信息技术推动的变革浪潮下，以及结合我国大学英语重要转型的契机，应试教育应向多样化应用型教育转化，基础英语教学将向 ESP 转移，为更好地拓展专业知识做好准备。大学英语分层次教学模式改革具备了深度蜕变的改革要素。针对学生的个性化培养和个性化需求，如何建立信息化平台的大学英语分层模型标准变得尤为重要。

以西北大学为例，他们结合已有的教学改革经验，围绕"模型构建—平台搭建—兴趣驱动"的改革理念，逐步推进大学英语分层次教学模式改革。

为适应社会经济发展对人才培养工作的要求，逐步建立与研究型大学相适应的本科人才培养体系，培养具有国际视野的高素质创新人才，学校出台了一些新方案，着眼于在新时期内有所创新和突破,使大学英语课程具有更大的灵活性、选择性和开放性。大学英语教学在注重打好学生语言基础、培养学生英语综合应用能力的基础上,提高学生的综合素质,成为具有国际视野的高素质创新型本科人才。大学英语教学主要在通修课程的基础上,强化应用性课程,同时结合网络自主学习,将课程分为通修课程、高阶课程、特色课程三种类型,推动大学英语教学和学生学习的个性化发展。学校将大学英语分为四个层次,其中层次一、二为全校必修课,层次三、四是各专业根据需要任选模块,分为高阶课程和应用课程,包括报刊选读、影视欣赏、演讲与辩论、英美政治文化等,可在全校范围内选修。

为更好地支撑大学英语分层次教学改革,学校注重资源共享,着力搭建"教学资源平台"。通过有效整合各类电子图书资源、名师教学视频、教师备课资源等,搭建了包括视频课程、电子书、学术视频、文档资料等内容的教学资源共享平台。一方面,依托平台有力支持课程的网站建设、在线课程教学、过程分析统计、研究性教学、碎片化学习等,推进了课程信息化教学改革;另一方面,通过技术开发,实现了平台与校园网门户教务管理系统的无缝对接,为师生即时登录进行自主学习提供了便利。同时,学校正在加快筹建人文社科慕课中心,通过坚持"全面统筹、集中建设、订单开发"的原则,建成符合学校人文社科类课程教学需求和满足学生多元化学习的课程资源平台,解决课程资源共享和多样化人才培养的要求。下一步将加大投入力度,引导与推动不同层次课程与教学团队加快慕课课程开发与建设,用于课程教学实践。这些课程将遵循"以生为主、以师为导"的新型教学理念,要求教师变"教学"为"导学",引导学生变"听学"为"研学"。加快从"以教为中心向以学为中心""知识传授为主向能力培养为主""课堂学习为主向多种学习方式"的转变,着力培养学生的学习主动性、能动性、独立性,提高学生的创新素质,挖掘创造潜能。结合传统大学英语课堂教学的优势,促进师生之间的学习互动,实现教育教学过程线上线下的有机互补。

在全球化趋势下,各国都十分重视信息技术在高等教育领域的应用。教育信息化的发展,已在教育理念、教学方式方法等方面产生了深刻影响,实现并重构着高等教育的开放式发展。大学英语教学改革经过了21世纪以来的不断创新,已经为各学科专业人才素质的整体提升和实际应用做出了巨大努力，并且朝着更加科学化、系统化的方向发展。但从高等教育国际化需求和互联网发展趋势来看，我国的大学英语教学改革和教育信息化发展程度仍有较大的融合空间，还有一些关键环节亟待解决。例如，优质师资的有限性和高校其他办学条件滞后于培养规模的扩张；基于网络的大学英语学习平台需要一定的软硬件环境，如何合理配置计算机、学生、教师、实验人员等，使有限的资源得到充分利用，需要在实践中不断调整创新。同时，师生的计算机技术培训也必不可少。现如今网络覆盖范围日趋扩大，尤其是智能手机终端的海量增加已经基本实现了"泛在学习环境"，把握新形势下的大学英语教学改革，刻不容缓。

二、从需求角度看大学英语教学改革趋势

需求可分为社会需求和个人需求，前者主要指社会和用人单位对有关人员英语能力的需求，后者指学生目前的实际水平与希望达到的水平之间的差距。在英语教学领域，需求分析是语言课程设计和实施不可或缺的启动步骤，至少有四大重要作用：①为制定英语教育政策和设置英语课程提供依据；②为英语课程的内容、设计和实施提供依据；③为英语教学目的和教学方法的确定提供依据；④为现有英语课程的检查和评估提供参考。因此，从需求角度进行大学英语教学改革是必要的。

（一）需求现状

进入21世纪以来，我国的大学英语教学在几代人的努力下取得了巨大成就，培养了大批有专业技能且懂英语的复合型人才，促进了对外交流。但随着世界经济大融合的进一步推进，我国大学英语教学与需求之间的差距进一步加大。

1. 社会需求

（1）高端英语人才严重缺乏

目前，我国有约3亿人在学英语，其中大、中、小学学习英语的人数超过1亿。专家预测：再过几年，我国学英语的人数将超过以英语为母语的国家的总人数。尽管我国有数亿人学英语，但同声传译和书面翻译等高端英语人才仍然严重缺乏。全国各

地人才市场频频告急,即使是北京、上海这些高级人才较为集中的地区也难以避免。

(2)懂专业又能熟练使用英语的"双料"人才走俏

英语作为一种交流工具,显然比其他专业具有更广泛的适用范围。英语人才难以满足当前经济科技等各项事业迅猛发展的需求。现在,我国懂英语的人很多,但由于英语专业人才缺乏相应专业知识或技能背景,因此难以胜任大量工作,机械、化学、工艺、软件等专业的技术工程师本身就十分紧缺,懂英语的就更稀有了。因此,想找到符合企业要求的、既具备专业知识又能熟练使用英语的工程技术人才是很难的。

2. 个人需求

据调查,在语言学习方面,当前学生渴望形式多样的语言输入,渴望真实、实用、有时代感的学习内容。他们期望提高英语学习能力和用英语交流的实际能力,希望英语学习能满足自己提高文化素养和专业水平的需要。但实际教学中,为了完成教学任务,教师的教学常常拘泥于教材内容,有的教师以教材、教学课件作为教学内容,在课堂上"照本宣科",导致教学只是教教材。

一项全国的英语教学满意度调查发现:学生认为自己进入大学后英语水平没有提高和有些下降的占到62%(其中有些下降的竟然占到36.5%),对大学英语教学勉强满意和不满意的占到54%,认为需要学的东西没学到的占到50.7%。再次调查时,在回答"比较四年前刚入校时现在的英语水平如何"的问题时,认为有提高和有些提高的占到55.7%,基本没有提高和有些下降的为44.4%(其中有些下降的占到21.1%),回答对大学英语教学基本满意和比较满意的占47.4%,而勉强满意和不满意的占到52.6%。

以上数据虽然令人震惊,但它说明了当前我国大学英语教学的现状,教学脱离了社会发展的需要,甚至不能满足学生自身学习的要求。

(二)原因分析

引起我国大学英语教学"滞后"的原因是复杂的。主要有:

1. 大学英语某种程度上脱离了社会需要

现代社会对英语人才的要求是既懂专业又能熟练使用英语，但受大学英语教学语言基础定位的影响，长期以来，我们的大学英语和中、小学英语教学一样，一直在打基础而迟迟不能与专业挂钩，导致有的大学生毕业时连基本的专业术语都不会说，这样的学生毕业后怎能胜任需要专业英语的工作岗位呢？由此可见，"只注重普通英语教学而忽视专业英语教学在某种程度上制约了我国大学英语的发展"。

2. 应试教育违背了语言习得规律

目前，我们国家的教学模式基本上还是应试性的，英语教学也不例外。我国许多高校的英语教学围绕考试进行，导致学生的英语学习仅仅是为学校考试、四、六级考试，甚至是为雅思、托福出国等考试而置实际应用于不顾。

由于应试教育不能提供足够的语言输入，也不利于激发学生的学习积极性，所以不能有效提高学生的语言运用能力。目前我国中学和大学普遍存在的应试性英语教学模式，不能有效提高学生的语言运用能力，因此必须进行改革。

（三）改革的趋势

目前，全国各地正在轰轰烈烈地开展大学英语教学的改革，要设计出基于本校的科学的、系统的和个性化的大学英语教学大纲和实施方案，首要任务是了解学习者、教师、社会等各方面对大学英语教学的需求。为了适应各方面的需求，大学英语教学改革呈现出以下趋势。

1. 大学英语基础教育重心逐步下移

我国的大学英语教学是以基础英语为导向的，虽经多次改革，但都在能力培养的层次或次序上进行变化和调整，也就是说，始终没有在英语使用上有新的突破。由于高中英语和大学英语在培养目标、课程设置和教学要求等诸方面都基本接近甚至雷同，所以随着高中新课标的贯彻和中小学英语教学质量的提高，大学英语和高中英语的界限也在逐渐模糊。

据统计，全国已有几十个省实施高中英语新课改，"新英语教材的词汇量都有了大幅增加，学生在高中毕业时掌握的单词必须达到3500个，直逼大学四级英语水平"。显然，在未来几年里，大学生必须达到的一般要求的学习任务将有望在高中里大部分完成或全部完成。这样，从小学到高中，通过12年的英语教学，学生在高中毕业时打下较为扎实和全面的英语基础，尤其是在听、说等基本技能方面要有重大突破。进入大学的学生不必再花两年甚至更多的时间学习"基础英语"，可以直接过渡到专业英语的学习，或只需"对他们稍加训练，即可转入同时提高英语应用技能和实际国际交流能力的学习和训练"。

2. 英语教学走专业化发展道路

目前，我国的大学英语处于高中英语和英语专业双重夹击这一种尴尬的境地。一方面，现阶段大学英语学科发展的空间受到局限，另一方面，社会对专业人才英语水平的需求不断高涨。在这种形势下，大学英语同专业结合、走专业化发展道路不仅满足了社会需求，同时也为自己找到了新的、顺应社会发展的时代方向。

中学培养基本英语能力、高校结合专业进行提高，是我国未来大学英语教学改革的方向。事实上，大学英语教学把重点转移到专业英语上这并不妨碍打基础，相反还会从应用的角度巩固和完善基础，真正体现"用中学"。

3. 建设多元化、多层次的大学英语课程体系

我国幅员辽阔，各地区、各高校之间情况差异较大，大学英语教学应贯彻分类指导、因材施教的原则，以适应个性化教学的实际需要。但现行的大学英语课程设置难以遵循因材施教的原则，难以调动学生的积极性。虽然有的高校采取了分级教学，但仍然没有从根本上摆脱大学英语课程"综合性"的桎梏。因此，在新的形势下，开展个性化和多元化的教学模式，贯彻分类指导的教学原则已成为当前我国大学英语教学改革的新方向。

（四）ESP教学作为一种改革趋势

大学英语课程不仅是一门语言基础课程，也是拓宽知识、了解世界文化的素质教育课程，兼有工具性和人文性。工具性要求与专业相结合，培养学生专业英语的综合

运用能力。人文性帮助学生了解西方文化，开阔视野，扩大知识面，加深对世界的了解，借鉴和吸收外国文化精华，提高文化素养。由此看来，大学英语教学有两大目标：

（1）帮助学生打下扎实的语言基础，提高文化素养；

（2）培养学生的英语综合应用能力，为社会发展和国际交流服务。

第一个目标的实现有赖于通用英语教学（English for General Purpose，以下简称EGP），而第二个目标的实现有赖于专门用途英语教学（English for Specific Purpose，以下简称ESP）。所以，我们认为大学英语教学改革的方向既不是通用英语，也不是专门用途英语，而是通用英语加专门用途英语。

1. 专家的意见

很多英语教育专家都认为，EGP 和 ESP 是相辅相成、相得益彰，共同构成大学英语教学的内容。EGP 教学是基础，ESP 教学是提高。只要打好了坚实的 EGP 基础，ESP 的学习效率就会大大提高。反之，如果 EGP 的基本功不过硬，只熟悉了一些专业术语，ESP 也很难学好。

2. 有利于培养既懂专业又通英语的社会主义建设人才

EGP 教学是以教授一般语言技能为目的的课程。其目的是培养学生扎实的语言基本功，掌握英语的"语言共核"，为专业英语学习做准备，提升学生的人文素养，扩大学生的知识面，帮助学生树立正确的人生观和价值观。而 ESP 教学则是学习者在某一专业或职业上使英语知识和技能实现专门化的应用性课程。将专业知识学习与语言技能训练融为一体，具有较强的针对性和实用性，有助于培养学生的英语综合应用能力，尤其是在自己的专业领域用英语进行交际的能力。ESP 与 EGP 并非是两个相对立的部分，而是紧密相连的，ESP 培养学生的学术素养，EGP 培养学生的人文素养。在整个英语教育体系中它们是为同一个教学目标而构建的两个层面，是一个语言连续体的两端。事实上，两者都具有词汇、句法、语篇等层次上的语言共核部分。两者在时间上有先后，在内容上却相互融合。所以，大学英语教学只有把 ESP 教学和 EGP 教学有机结合起来，才能培养出大批既懂专业又通英语的社会主义建设人才。

3. 有利于纠正大学生人文素质下降的趋势

当今科学技术的发展越来越迅速，专业分工越来越细。尤其是进入网络时代，知识和资讯爆炸性增长，客观上要求人才要从"广而泛"转向"专而精"。从国家和社会发展层面看，中国作为一个后发新兴经济体，建设与发展任务十分艰巨，亟须大批各行各业的专业人才，以服务于富国强民的国家战略。很多高校都是以市场为导向培养学生，只注重专业性学习，希望学生在较短的时间内习得具有胜任力的专业知识，忽视通识教育，导致学生的人文素质下降。要纠正大学生人文素质下降的弊端，作为高等教育重要组成部分的大学英语教育必须融合 EGP 教学和 ESP 教学。两者在培养人才方面发挥着不同的、不可替代的作用。

前文指出，ESP 课程注重培养学生的工具性，而 EGP 课程注重培养学生的人文性。EGP 教育本身不是一个实用性、专业性、职业性的教育。从功利主义角度看，EGP 教育除了考试，似乎一无用处。然而，EGP 教育却恰恰体现了"从无用的知识与无私的爱的结合中更能生出智慧"，EGP 教学有利于纠正大学生人文素质下降这一趋势。

三、大学英语教学科学改革观

什么才是"科学的"大学英语教学改革观？可以从四个方面来认识：认清大学英语课程的性质，明确大学英语教学的真实需求，加强师资队伍建设，建立科学的大学英语教学评估体系。

（一）认清大学英语课程的性质

建立科学的大学英语教学改革观，首先是要认清大学英语课程的性质。

"要求"中提到大学英语教学是高等教育的一个有机组成部分，大学英语课程是大学生的一门必修的基础课程；大学英语是以英语教学理论为指导，以英语语言知识与应用技能、跨文化交际和学习策略为主要内容，并集多种教学模式和教学手段为一体的教学体系。

这里有几个关键点：①作为高等教育的有机组成部分，大学英语不是可有可无的；

②大学英语有三项主要教学内容：英语语言知识与应用技能、跨文化交际、学习策略；③大学英语不是单纯的由每周若干课时组成的一门课，而是由综合英语类、语言技能类、语言应用类、语言文化类和专业英语类等必修课程和选修课程有机结合的一个教学体系，自然也包括教学手段在内。

（二）明确大学英语教学要满足的真实需求

大学英语教学要满足的需求是：培养学生的英语综合应用能力，特别是听说能力，使他们在今后学习、工作和社会交往中能用英语有效进行交际，同时增强其自主学习能力，提高综合文化素养，以适应我国社会发展和国际交流的需要。

1.学习英语是交际需要，而且是学习、工作、社会交往三方面的交际需要。工作需要又与专业有关，后文要专门谈这个问题。"学习交际需要"是面对现实的正确表述。据统计，大学毕业生就业后真正需要英语的不到50%，在社交中需要英语的比例更低，而继续学习需求却随着不断升温的出国热日益明显。

2.增强自主学习能力的需要。大学英语毕竟只是一门课程，课时有限。英语学习不可能完全靠课堂教学来完成，课堂只能起到引领作用，所谓"师傅领进门，修行在个人"，因此培养学生自主学习能力确实也是一种实实在在的需求。

3.提高综合文化素质需求。这一说法相对抽象些。因为不学英语，文化素质也是可以提高的。

综上，学习、工作、社会交往三方面需求，似乎很清楚，但实际上很模糊。学习需求应是什么样的？在大学英语教学中如何满足这种继续学习的需求？近几年不断被讨论的学术英语，旨在帮助学生具有专业学习能力。但问题依然存在，大学英语学习更适合通用英语还是学术英语，通识英语还是专业英语？是关注个性化学习需求还是专业学习需求？

在过去的十几年中，教学改革的重点转为以听说为先，似乎是为社会交往所需。但对于今后工作需求，我们的大学英语教学管理者、教师甚至学生自己也很难真正知道。

余樟亚老师曾做过一个行业英语需求调研，很有启发性。调研发现，作为行业特色比较明显的高校，某电力学院每年平均有 30% 左右的学生进入电力系统，其中有的专业可达到 80% 以上，但是这些进入系统的学生所学的英语却无法满足行业需要，可见需求调研是必需的。通过网络查阅发现，此类需求分析的文章不少，但大多是关于对需求分析理论（特别是国外研究成果）的引介和阐述、重要性的强调、需求分析方法的介绍以及用需求分析理论评述某些英语课程等方面。极少数的需求调研实例，其主要集中在对英语学习者自身感受的需求，以及毕业生到岗后对英语需求的主观感受上，而完全基于具体行业对英语的客观需求调研实例几乎没有。然而，不了解行业英语需求，来谈为社会交际、为工作需要进行英语教学就成了无源之水了。

该调研针对电力能源行业对英语的需求状况，包括下列三类信息：①行业岗位招聘对英语的需求；②行业岗位工作对英语的需求；③行业岗位培训对英语的需求。这三类信息实际上包含了从"进入行业—岗位工作—业内提高"整个行业活动过程中对英语能力的目标情景需求，可以为大学英语教学改革带来启示。

就岗位招聘英语需求而言，国内电力能源行业岗位招聘均对英语有一定要求，其中有引进设备和涉外项目的企业对英语要求更高。除西藏之外，全国所有省级电力企业对应届毕业生的英语要求均是大学英语四级 425 分以上。事实上，电力能源行业在招聘时对英语的需求，在其他行业也不同程度地存在。

岗位能力英语需求而言，调研的相关大型电力能源企业员工岗位能力结构对外语（主要是英语）有明确要求。调研报告中具体规定了与各岗位相对应的 9 级外语要求，其"员工岗位能力结构外语能力等级表"对英语能力描述得详细程度甚至不亚于学校的教学大纲。

最低的外语 1 级的要求是：粗浅地掌握一门外语，能借助词典或其他工具大致读懂简单的专业文档；能看懂本岗位常用进口设备上外文铭牌和操作指示。

外语 5 级的要求是：能独立阅读外语文档，参阅国外专业资料；能翻译本专业的技术资料、专业说明书；能用外语进行简单交流；至少独立完整地翻译过一套设备的技术文档与说明书。

最高的外语9级要求：精通一门外语，能与外籍专家讨论艰深的专业问题，并自由地表达思想；能在同行会议中充当翻译；能够应对纯外语工作环境；在无翻译的情况下至少技术性出访一次；至少独立进行过一次技术性谈判和参与过一次技术性交流会议。

在岗位英语培训需求方面，全国电力能源企业都在开展各种类型、各个层次的英语培训活动，一方面是为了适应电力能源系统对英语人才不断提高的需求，培养员工具备对外交流能力，能够承担对外服务任务以及对外进行技术与学术交流，重点提高学员对行业英语的听说、阅读、翻译、写作能力，这些任务实际上如果大学英语采用一些行业英语语料也是可以承担的。另一方面，企业对员工的英语培训也是弥补员工在学校期间英语学习的不足（尤其是听力与口语）。

该调研得出的几个相关结论：

（1）国家大学英语四级考试依然是用人单位招聘时采用的决定性依据；

（2）特殊岗位需求仅靠基础英语教学远远不够；

（3）行业岗位英语要求描述可以作为大学英语教学内容的重要参考；

（4）在现阶段，听说读写译基本技能训练依然是大学英语所需要的；

（5）从员工自身发展角度补充实用性英语教学内容。

总体而言，鉴于不同学校、不同行业背景及其不同需求，同时考虑到不同学生的实际英语水平，认为在目前一段时间内，大学英语教学尚不宜用ESP取代EGP，但改革"一刀切"的大学英语教学以及"四、六级考试"导向下的纯通用英语的教学内容，从EGP向ESP逐渐过渡或将成为大学英语教学改革的一种趋势。

（三）加强师资队伍建设

若上述基于需求分析的这种趋势判断是正确的，大学英语教学改革的第三个要点便是师资队伍建设，这是成败的关键。自从改革开放以来，大学英语教学的成绩不可否认，这要归功于在一线辛勤教学的广大英语教师。当历史发展对大学英语教学提出新的要求，同样要靠教师来完成这一使命。

目前来看，大学英语师资队伍建设面临着不少棘手的问题。

首先，是大学英语教师的学科归属问题。改变这种局面应该成为大学英语教学改革的一部分，甚至是先决条件，因为没有了大学英语教学改革的主体——大学英语教师的积极性，教学改革就难以进行。

其次，大学英语师资队伍建设涉及团队和个体两个层面。团队层面主要是优化结构。目前各高校大学英语师资队伍均普遍存在学历层次不高、职称层次不高、女教师（尤其是40岁以下女教师）比例过高等情况。该如何进行优化？很多专家提出了很好的建议，如从①顶层设计，统筹规划；②开发课程，建设小组；③按需进入，微调到位；④提升学历，不失时机等4个方面开出改变大学英语师资团队结构的处方，具有较强的指导作用。

关于大学英语师资队伍个体层面的建设，高等学校大学英语教学指导委员会进行过一项"大学英语教师的职业发展现状及其影响因素分析"，结果发现，现在有4种类型的大学英语教师："探索者""奋斗者""安于现状者""消沉者"。这实际上关系到教师的职业责任意识及个人奋斗意识。我们应该创造条件鼓励"探索者"和"奋斗者"，激励"安于现状者"和"消沉者"。

（四）建立科学的大学英语教学评估体系

任何教学都可以进行效果评估。对大学英语四、六级考试的取舍有各种不同的声音，在此判断：不会取消，但会改革。大学英语教学综合评估体系可能会是：1+N。这里的1代表全国大学英语四、六级考试，N则是各类专项英语考试。显然，这将会改变一考独大的局面。

大学英语教学的现状是不尽如人意的，但改革的趋势很明确。可以预计，一个全新的、更加注重实际需求的大学英语教学体系会产生，并将在教学实践中不断得以完善。我们应该为能成为这一体系建设中的一员感到骄傲，并承担一份责任！

第四章 大学英语教学模式改革的可行策略

第一节 教学模式及其演变

一、模式与教学模式的定义

1. 教学模式的定义

关于教学模式的定义，学者们一直未达成共识。有学者认为，"教学模式是人们为了特定的认识目的对教学活动的结构所做的类比的简略的假定的表达"；也有学者认为，"教学模式是在教学实践基础上建立起来的一整套组织、设计和调控教学活动的方法论体系，它由教育（哲学）主题、功能目标、结构程序及操作要领构成"；还有学者认为，"所谓教学模式，是指在一定的教育思想的指导下，为完成特定的教学目标和内容而围绕某一主题形成的稳定且简明的教学结构理论模型及其具体的、可操作的实践活动方式"。

从归纳角度讲，教学模式是从各学科、各种教学方式中概括、抽象出来的带有普遍意义的标准样式；从演绎角度讲，教学模式是模式在教育领域的教学活动中的应用。一般讲，教学模式是在一定的教学思想、教学理论的指导下，基于教学活动，并在一定环境下，围绕特定教学目标而形成的具有相对稳定结构的、理论化的教学模型或范式。教学思想与教学理论是教学模式存在的基础，决定了教学活动的目的，驾驭着教学的过程与方式，控制着教学要素的有机联系，指引着教学资料的组织，安排着教学环节的承接，制约着教学策略的选择，引导着教学设计的思路。相对稳定结构指教学结构中教师、学生、教材、教学媒体等基本要素的结构及其相互依存、相互作用方式的不变性，教学过程中各环节、阶段、步骤、程序间的相互联系方式的不变性，教学活动中教学目标、教学内容、教学方法、教学手段的相互组合方式的不变性，可操作的实践方式及相应的策略的不变性、理论化指的是对教学实践经验的加工、筛选、总结、概括和升华，从中抽象出一般形态，反映了教学模式既属于理论范畴，又属于实践层面，是将教学从实践层面上升到理论层面的中介环节，是联系教学思想与教学实践的纽带与桥梁，是两者的密切结合与高度统一，反映着教学活动赖以存在的理论基础与各个环节之间的内在联系。

从教学实践角度看，教学模式是教学过程中各教学阶段采用的具有内在联系的不同教学方法综合构成的严密系统，方法的集成构成了模式，模式决定了具体方法的运用，并揭示了与教学活动相适应的教学策略。但教学模式毕竟不同于教学策略，两者相比较，策略是行动的指导方针和工作的方式、方法。教学策略是教师在教学活动中为完成教学的目标和任务，所采取的用以指导教学行为的教学设计、实施措施与操作方式，是具体的操作过程与形态，规定了教学参与者在教学活动中的角色及其相互关系，偏重于教学活动的内容和技术因素决定的行为规则，"具有指导性、灵活性、最优化等特征"。教学模式反映的是在给定的条件下，按照一定的目的，影响和改变系统行为特性的思路与方式，是对复杂的教学组织方式的简约表示，反映了教学的客观规律性，偏重于由行为主体的目标、价值观决定的行为规则，在教学活动中具有相对的稳定性、动态性、整体性、概括性与综合性等特征。当模式达到最佳效果时，则实现了模式的优化。教学策略一旦被纳入教学模式的范畴之中，它就成为有效推动相应的教学模式运行的教学操作指南，有效引导着教学过程，转变着教学的观念，影响着教学的效果与质量。

二、教学模式的特征

教学模式的形成能够在一定程度、一定层次上解决教学过程中的诸多问题与矛盾，达到揭示教学规律，实现教学目标，优化教学程序，完成教学理论与实践的结合，反映教学活动进程中教学要素的动态和整体、综合性质的目的，因而呈现出一些共有的特点。

1. 多样性

用不同的教育思想、不同的认知理论、不同的学习理论以及对非认知心理作用的不同观点，受不同流派的影响或由于对理论的不同理解与运用，就相应地形成众多不同的教学模式，构成了教学模式的多样性。而不同教学模式的静态结构中有不同的要素，同样具备多样性。

2. 可操作性

从操作层面看，教学模式是教学环节的连接，是教学步骤与方式的集合，能够动态反映教学活动的有序性，但也可根据教学的需要对教学环节进行适当安排和灵活掌控。因此，当教学环节按不同时序出现时，就构成了不同的教学程序。可操作性包括操作技能与技巧，是教学理论的具体体现，是教学理论与教学实践之间的桥梁。教学模式具有示范作用、可被模仿、可被普遍运用于教学实践。

3. 开放性

教学模式不是一个封闭的系统，而是一个不断完善的、复杂的、动态的开放系统，开放性使教学模式不断地得以完善与创新。教学观念的更新、教学理论的发展、教学实践的深化等，都会使教学模式日臻完善直至推陈出新。

4. 稳定性

从结构层面透视，教学模式有完整的结构与机制，是教学系统整体性能的体现，在空间上表现为多种要素的相互作用，各种教学要素之间在教学活动进程中依附于某种教育思想和教学理论，因而具有相对稳定性。

5. 局限性

教学模式都有一定的适用范围与运作条件，有自身的作用与功能。超越教学模式的应用范畴或缺失条件则难以实现预期效果，这说明任何教学模式均具有局限性。

6. 策略性

教学模式与教学实践相比，具有理论性与抽象性，需要将其转化为教学策略与方法，才能用于教学实践。策略与方法的多样性、灵活性和创新性，给教学模式注入了活力。

7. 个性化

教学模式要体现教学的个性化与创造性，这是教学模式进入更高层次的表现。模式离开了个性与创造性就会变得僵化而流于形式，但个性不能脱离模式而独立存在，模式与个性的融合统一，能够使模式的作用发挥到极致，甚至能创生出新的模式。

三、教学模式的构成与类别

（一）教学模式的构成

1. 教学思想与教学理论

前面已有论及，它为教学模式提供了哲学、教育学、心理学、技术学和文化背景等方面的理论渊源，具有体现时代精神、引导教学方向、决定教学目的、指导教学设计、控制教学环节、驾驭教学方式的功效。先进的教学思想与教学理论在教学改革中能够发挥定位、导航和调控的作用。

2. 特定目标

它是教学模式赖以存在的根本原因，做任何事情总得有一个特定的目标，其他一切都要为这个特定目标服务。因此，它是教学模式中的核心要素，对其他因素起着引领与制约作用。

3. 教学环境

教学环境包括情境和资源，是基于教学创设的物质和心理的认知空间，浸润了文化意蕴，融合了学科知识，决定着教学模式的类型，是教学资源、观念、方法、想象、活动、师生关系等各种支持性条件的综合体现。通过教学环境赋予的外在特征，经过综合、概括和分析，认识事物的内在本质和规律，发展抽象思维。因此，教学环境能够强化感受，培养兴趣，启迪智慧，是教学模式重要的构成要素，是获取知识和增强能力的重要手段。

4. 结构

教学模式的结构主要指促使教学模式发挥功能的教师、学生、内容、媒体以及技术、策略、方法、时间、空间等各种条件的组合表达形式，是从静态的角度体现某种教学理论的教学活动所必须具有的基本操作要素。

5. 操作程序

指特定的教学活动步骤和过程的操作顺序，类似程序设计中的算法，可根据实际的教学情境而灵活变通，实质在于处理好教学内容在时间序列上的实施。通常所说的水无常形，教无定法，反映了教学活动的丰富多彩。结构为静，程序为动，教学模式呈现出静动结合的形态。

（二）教学模式的类型

由于教学模式受教学思想与教学理论的制约，故不同的教学思想和教学理论及其对理论的不同理解或不同流派，均会产生不同的教学模式；组成模型结构的各要素的地位与作用的不同，也会产生不同的教学模式；教育目标的不同，科技水平的不同，生产力的差异，社会的需求、研究视角的不同，都对应着不同的教学模式；而不同的学科理论也会形成不同的教学模式类别。

1. 基于学习理论的教学模式

学习理论有行为主义、认知主义、建构主义、人本主义学习理论等典型理论，这些理论是从教学的不同方面、不同层次上对学习进行研究的，本质上并不矛盾，是相互补充的对立统一体。其中，以美国乔伊斯等人对该模式的分类最为经典，他们将教学模式分为以掌握知识和发展认知为目标的信息加工族类，以社会品质培养为目标的社会互动族类，以情感、意志、心理健康为目标的个性族类，以行为训练为目标的行为修正族类，以及诸如归纳思维、科学探究、集思广益等20多种具体模式。

2. 基于教学论的教学模式

教学主体与教学客体是教学论中的根本问题，学界有单主体、双主体、主导主体等不同的观点。教师和学生在教学过程中构成矛盾的对立统一体。由于矛盾的主要方面的变化，使师生的地位与作用、教与学的方式与重心也会有所不同，在师生地位、作用和关系方面，引申出问答模式、授课模式、自学模式、合作模式和研究模式五种类型。上述教学模式各有其动态过程与特点，其师生地位的转换依次呈现出教师的主导作用逐渐减弱，学生的主体性逐渐增强的态势。

3. 基于教育哲学的教学模式

教学模式的差别本质上是一种文化差别。基于文化差异，从认识论角度看，可将其分为客观主义与建构主义两种教学模式；从价值观角度看，呈现个体主义与集体主义两种教学模式。上述模式可两两组合成个体主义－客观主义、个体主义－建构主义、集体主义－客观主义、集体主义－建构主义四种模式。一般而言，带个人主义倾向的教学模式有利于培养学生的自主意识和个人创造性；带集体主义倾向的教学模式有利于培养学生的群体意识和合作能力；带客观主义倾向的教学模式有利于基础知识的学习与提高教学的效率，有利于知识的继承与培养聚合型思维能力；带建构主义倾向的教学模式大多采用发现式和讨论式两种教学形式，有利于学生探索复杂和未知的问题，有利于培养学生的发散思维与创新能力。

4. 基于教学活动的性质和组织形式的教学模式

可将其分为个体－接受、个体－探究、群体－接收、群体－探究四种模式。这种分类基于客观主义的认识观，其理论基础是建构主义学习理论。现代教学的价值取向已从传统的客观主义转向建构主义学习理论。

5. 基于教学角色地位的教学模式

从教师与学生两个角色的作用与地位的差异，可将其分为"以教师为中心"和"以学生为中心"两种教学模式。以教师为中心的教学模式的优点是能够充分发挥教师的主导作用，有利于教师对课堂教学的组织、管理与控制；该模式的缺陷是忽视了学生的主体地位，学生处于被动接受的地位，缺乏学习的主动性和创造性，不利于创新人才的培养。以学生为中心的教学模式，是随着多媒体和网络技术的日益普及逐渐发展起来的。该模式有利于激发学生的学习兴趣和进行协商会话、协作学习，有利于情境创设和知识的获取，有利于学生的主动发现和主动探索，有利于建立新旧知识之间的联系，从而促进学生认知结构的形成与发展。

四、教学模式的演变

任何模式都在不断地发展和创新，教学模式也在不断地推陈出新，发展演变，以体现时代的特征与要求。模式的演变反映出社会与科学的发展，是科学进步的必然产物，也是推动科学进步的动力。

教学模式与社会发展、科技、生产力水平相适应，因此它是时代的产物。农耕时代由于受生产力水平的限制，教学模式是耳提面命式的个别传授，通过口述并展示实物使受教育者理解与模仿；工业化社会要求教育要大规模、标准化的培养劳动者，以适应社会化大生产的需要，教学模式以灌输式为主；信息社会和知识经济时代，在高新技术的支持下，教学模式以探究式为主，可见科学技术制约着教学模式的发展与迁移。

传统教学模式以知识灌输为主，教师是教学活动的控制者，学生是知识的被动接受者。该模式忽视了学习者的主体地位，不利于培养学生的创造性思维。近半个世纪以来，新的教学思想不断涌现，使国内外教学模式呈现异彩纷呈的繁荣局面，产生了如愉快教学模式、活动教学模式、自学辅导教学模式、探究研讨教学模式、主体性教学模式、反思性教学模式等反映素质教育理念的模式。与传统的教学模式相比，素质教育教学模式则有利于学生进行创造性学习，体现了教师为主导、学生为主体、注重培养创新能力的时代价值取向，也极大地丰富与发展了教学的理论与实践。我国的教育专家何克抗教授提倡的"寻找一种既能发挥教师的主导作用又能充分体现学生主体地位的以自主、探究、合作为特征的教与学方式"的教学模式，代表了素质教育教学模式的发展方向。而现代教育技术的应用为新型教育模式的建构提供了坚实的支撑，是创新教学模式的切入点与突破口，对教学模式的变革起着决定性作用。

当一个新的教学模式开始萌生时，其理论体系与内容一时尚不易清晰可识，只呈现出一种轮廓，随着其在实践中的应用，不断吸收现有知识与智慧的营养而逐步完善，再经概括、综合和升华而成为新模式。人们在研究、借鉴与运用新的教学模式时，一般要经过"广泛学习—个别模仿—灵活运用—创造性发展"这样几个阶段。正因为如此，教学模式的普及与应用过程，也是教学模式的发展与演变过程。

第二节　大学英语教学模式的改革策略

一、传统英语教学模式

传统模式的大学英语教学束缚了学生学习潜能的发挥，这种模式的特征表现在以下几个方面：

①教学环境和学习环境单调、呆板，教学过程程式化、填鸭式教学严重；②以教师为中心；③学习成绩与考试与四、六级考试挂钩，侧重阅读，忽视口语；④将语言拆分成零散的语法、词汇、惯用语等语言点进行分析、对比；⑤忽视课外学习内容和活动的安排；⑥教师与学生交流少。以上的分析不难看出大学英语教学的各种模式已滞后于现代社会发展的需要，改革势在必行。

大学英语教学界对教学模式转轨达成了以下五个方面的共识：

①转变教学指导思想，从知识型教学转向技能型，由知识为本转向技能为本；②确立新型英语教学目标，改革教学效果的评价体系，真正做到以考察交际能力为目的；③改革教学方法，从重"教"转向重"学"，培养学生形成良好的学习策略；④教学手段多样化，由"书本＋黑板"型转向多媒体教学；⑤扩大教学视野，由"语言技能"提升至"跨文化交际"。

二、大学英语教学模式的改革策略

（一）坚持用英语组织教学的模式

大学英语是一门实践性很强的课程，用英语组织教学是实践性的具体表现，它的特殊性在于英语既是教学的对象，又是教学的手段，它有利于将教师的教直接转化为学生的练。英语教学的目的不是为了向学生介绍有关英语的知识，而是要培养学生实际运用和驾驭语言的能力。坚持用英语组织教学是精讲多练、学以致用的最佳途径，经常性地输入有利于学生将来的输出。从心理学角度来看，经常性的复现，是克服遗忘现象最有效的办法。同时,用英语组织教学是英语学习良好精神风貌和成就感的保障。语言是思维的工具,人类的思维方式、思维过程、思维结果都必然要在语言中反映出来。

（二）以学生为中心的教学模式

传统教学模式以教为中心，重视教法，忽视学法，而以学生为中心的教学模式与传统的教学模式截然相反，它主张挖掘学生自身的已掌握的知识和学习经验，使教学内容更加切合实际,也更容易被学生深切地感知,学生的需要成为一切教学活动的源泉。教师如何引导学生掌握有效的学习策略，充分吸收语言输入，是以学生为中心教学模式的关键。以学生为中心，学生要担当起输入信息的主要任务，从而保证所学内容的关联性。以学生为中心的大学英语教学模式并不否定教师的主导作用，而是要求他们改变以讲授为主的满堂灌的教学模式，从原来的传授者变为身兼多重角色：教师是学生语言实践活动的鼓励者和合作者，教师应积极、真诚地投入到课堂活动中，表达自己的想法和意见，或者根据自己的经历和体会给出一些良好的建议；教师是学习策略的引导者，为学生找到适合个人特点的学习方法；教师是帮助者和资源，教师给予学生及时的帮助使教学活动更加有效；教师是整个教学活动成果的检测者，为学生的进步提供必要的反馈，尤其是在语法和测试等活动中，教师的这种作用显得尤为突出和必要。教师的这种主导作用体现在教师的合理引导，而不是保姆式的全程服务。

以学生为中心的教学模式的优点是一目了然的：学生的潜力可以得到充分发挥；教师和学生能够不断地进行需求分析；课程资源可以得到有效开发；学生在有效的实践中逐步培养英语的交际能力；学生之间互教互纠、交流学习经验成为可能；良好的师生关系、良好的学风、良好的精神风貌将英语学习引入良性循环。

（三）任务型教学模式

任务型语言教学所追求的是语言习得所需要的理想状态，即大量的语言输入与输出，语言的真实使用，学习者的内在动机。任务型语言教学可以最大限度地激发学生的学习动机。任务型教学模式一般分为三个阶段：任务前，教师介绍本课的主题，然后学习者进行活动。这些活动可以帮助他们回忆在进行主要活动时所需要的单词和短语，也可以学习一些对进行该任务很重要的新单词和短语。任务中，学习者一对一或分小组进行活动（通常是阅读或听力练习或是解决问题的练习），然后向全班汇报他们是如何完成任务的，他们的结论是什么，最后他们以口头或书面形式把发现介绍给全班同学。任务后，把重点放在语言上。强调任务中的一些特殊的语言形式并进行练习，并就学习者在上一个阶段的表现给予反馈。成功的任务设计应达到：使学生学会用所学的语言进行交流；能使学生在课堂内演练生活真实交际时所需要的语言技能；能激活学生心理和心理语言学的学习过程，使学生的心理压力降低到最低限度；最大程度地发挥他们的学习积极性，让学生对自己的错误持积极的态度，明白犯错误是正常语言学习过程中必然经历的阶段。在语言使用方面，采用各种各样的方式，可以使学生有机综合运用他们所学的语言，在交流中学会交际。这种交流使学生把注意力集中在语言表达的意义上，以运用语言和完成任务为最终目标，从而降低了他们的心理压力。这个阶段的语言活动通常可以在小组或结对练习中完成。应体现以下特点：贴近生活的语言使用环境；交际的双方之间有信息差；解决实际问题，发挥学生的自主性或创造性。任务型教学法是一种值得推崇的、有利于发挥大学教师和学生创造能力的新型教学法，在大学英语教学中的实施可帮助学生培养在真实环境中综合应用英语的能力，"用看得见的方式体会自己的进步"。学生在完成任务时是为了交际而运用语言，不是为了学习语言用法而运用语言，学生的注意力在语言意义上而不是语言形式上。

（四）文化导入的教学模式

我国的英语教学在很长一段时间内把主要精力集中在语言知识的传授上，而对社会文化因素视而不见。由于忽视了语言使用与文化因素的相互作用，大部分学生尽管语法知识掌握得很好，词汇量也很大，但严重缺乏得体地使用语言进行交际的能力，学生往往把本民族文化内容盲目地套用到英语交际中去，以致出笑话，这种语用失误的例子可以说是俯拾皆是。语言既是信息的载体，又是文化的载体。语言与文化是不可分的，语言背景、情景、内容都离不开文化，语言交际能力不仅包括语言能力，还包括对社会文化方方面面的了解。教师在传授语言知识的同时也传递了各方面的知识。

因而，英语教学一方面是在语言中教文化，另一方面又是在文化中教语言。文化导入的教学模式旨在通过课堂教学提高、培养语用意识和跨文化意识。在文化导入的教学模式下，语言教学和文化背景知识教学同时并举、相得益彰，教师结合教材内容，有计划、有步骤地向学生介绍英语国家的文化背景知识，这些背景知识涉及政治、经济、历史、地理、教育、文艺、宗教信仰、社会制度、生活方式、风土民情、社会传统、民族习俗等方方面面，对于存在文化差异之处有意选择语用难点进行讨论，让学生有机会观察两种文化的共性和差异，逐渐培养学生在使用英语的过程中对其差异的敏感性。

（五）多媒体教学模式

传统的大学英语教学模式局限于教师的传授，教学手段单调，一本书、一支粉笔的教学使得学生在被动接受教师灌输的过程中兴趣索然。多媒体教学模式能够利用计算机和多媒体课件创造优化的学习环境、良好的教学情景，在这种模式下，教师得以生动形象地将历史事件、人物、地点呈现给学生，图文并茂，画面动感，易于给学生留下深刻的印象，学习内容易记难忘，不容易产生乏味感。听、说、读、写、译等各种技能的训练有机协调于同一时间段，真实的材料、真实或接近真实的场景、可反复使用、资源共享等特点保证了多媒体的教学效果和效率。相关调查表明，多媒体教学模式方便了学生课内课外的语言输入，有利于强化语言学习过程，如果将多媒体教学与交际法教学结合起来，效果更佳。在有的学校这种模式的课堂教学设计包括问题导入、进入课文、演练、讨论总结和结束五个部分。课堂教学以学生为中心，围绕学生展开活动，尽力营造有利于交际的语言环境，激发学生的想象和创新。教师在教学的五个步骤中保证学生充分的活动时间和空间，以突破课文的难点，突出重点，渗透素质教育内容。问题导入体现真实性原则，联系学生熟知的物、事展开话题。进入课文部分引导学生了解课文涉及的文化背景，使用多媒体软件的课文讲解部分，做到图文并茂、形象生动，其中穿插学生朗读、师生问答、同学之间问答，用问题引发课堂讨论。然后是处理难句和篇章的分析和翻译、重点生词和短语的学习。演练部分主要是通过表演运用所学词语及短语的表达方式以达到消化、巩固的目的。

大学英语教学各种模式之间是有机协调统一的，为了取得改革的理想效果，我们需要对教师、教材、教学理念、教学手段等加以通盘考虑，在具体的实施中对参与教学的各种因素进行整合。其中大学英语教师素质的提高无疑是改革的重中之重。改革绝非是一张蓝图，而是一段旅程。因此，大学英语教学模式的改革依然任重而道远。

第三节 大学英语"分级制"教学模式现状及优化策略

由于各地区中学时期英语教学质量的不同，高校中来自不同地区的学生英语基础和能力也参差不齐。班级制的授课模式难以照顾学生的个体差异，削弱了教学效果。鉴于此，很多高校开始推行尊重个体差异的大学英语分级教学，使英语基础较扎实的学生优势得到进一步提升，也使英语能力相对较弱的学生得到更切实有效的教育。

高校虽然积极推行了英语课程的分级教学制度，但是，由于教学水平以及评价体系等问题，造成了对英语课程分级教学的研究成果较少，教学体系也有待健全。所以，分析高校大学英语分级教学现状，对其操作模式和具体流程进行研究，具有重要的现实意义。

一、高校英语"分级制"问题分析

（一）师生认识问题

一些高校的不少师生片面地将实施英语分级教学的目的看作是应试教育方式的另一种形式，即提高英语等级考试通过率，将英语分为A、B、C级。在这种思想认识的影响下，英语教师的身份依然是知识的简单传递者，没有将教学重点聚焦于学生的能力发展、专业需要和个性区别上，也没能深入分析教材，更缺乏对学生进行自主学习指导。一些被分到较低级别的学生甚至在情绪上出现抵触现象，从而对教师和学校丧失了信任，极大地影响了英语教学的效果。

（二）学生心理问题

高校的生源个体之间英语基础差异较大，对英语的学习抱有的心理期望也各不相同。有的学生对英语课存在畏难情绪，而另一些学生则渴望在英语上取得明显的进步。假如这些学生被分到较"低"的级别，对其学习的信心和勇气是一大打击。在分级教学的背景下，教师更倾向于关注某个级别的学生是否能够高效、快速地在短期提高英语水平，但却忽略了学生的心理波动，没有给予学生足够的情感关怀，容易导致"低级别"学生的自尊心和学习积极性受到挫伤。

（三）教材选择问题

虽然英语分级教学已经在一定范围内得到实施，但是相应的教材建设却远远没有跟上。目前我国高校的英语教材选择范围很宽泛，然而这些教材有一个共同的弱点：不具备层次性与针对性，重视读写能力而忽视听说能力，并不适合英语分级教学模式。不少高校至今仍然为所有级别的学生订制了相同的教材，只是在知识点讲解和进度安排上体现出差异而已，这就导致教材在用于教学之前先要根据学生情况进行内容的增减。高校往往难以在短期内编写出适合自身情况的高水准教材，因此针对英语分级教学的教材建设刻不容缓。

（四）师资队伍问题

教育部对普通高校师生比的合格线规定是1∶18。随着近年来高校大幅扩招，学生数量激增，师生比值早已经越过了这一合格线，所配置的英语教师的师生比更是如此。另外，高校英语教师的学历也不容乐观，这都对高校英语教学水平的提升造成掣肘。英语的分级教学模式将学生分成不同的级别，同一级别之内又有班级之分，因此班级容量往往很小，在师资数量欠缺的情况下，不少教师跨班授课，负担较重，没有过多的时间用于提升自身专业水平和进行教学研究。

（五）管理体制问题

高校实施英语分级教学模式是一项复杂的系统工程，对学校的教学管理提出了很高的要求。分级制教学使原本存在的行政班级体系被重新划分，同一年级和专业的学生不再集中教学，这就需要建立更加高效有序的学生管理体系和教学管理体系。此外，在课程安排上，其他专业课程的排课与英语分级教学排课由于不处于同一维度而容易产生时间、空间上的交叉和冲突，为师生带来不便。另外，在级别较低的学生能力获得提升之后，如何根据学生个人愿望和实际情况，使其顺利进入更高级别，也是教学管理部门需要面临的一个问题，这都要求高校在教学管理的水准和效率方面继续加大力度。

二、高校英语"分级制"教学的优化策略

（一）对教学分级方式进行优化

在对学生进行分级时，应该充分体现学生的主体作用，对学生的学习层次和个体差异进行充分了解，使分级科学化、合理化。首先，要对学生给予充分的尊重，将更多的自主权赋予学生，以学生的英语实际水平作为分级参考依据，使学生了解每个级别的教学内容和教学目标，从而在自愿的基础上进行自我定位，这可以消除级别较低的学生产生的消极心理；其次，要注重分级的灵活机动性，分级并不是"终身制"的，要给学生选择、调整和改变的机会。要充分考虑到学生个体的学习进步和能力提高，引入动态的分级方式，以月度或者学期为调整周期，允许学生实现层级的流动；最后，教师应该消除对不同级别的学生产生的偏见，在鼓励高级别学生的同时，对低级别的学生一视同仁，充分发挥其特长与优势，使其树立学好英语课程的信心，从而取得进步。

（二）对英语教学内容进行优化

1. 课程设置的优化

高校应该以各个级别学生的英语水平为基准，结合英语教学目标，合理进行英语课程安排。分级以后，可以将课程设置划分为两个递进的层次：必修课程层次和选修课程层次。必修课程安排在高校学生入学后的第一、第二学年，讲授内容主要涵盖英语基础课程，包括精读、听说、写作、翻译等，每学期进行期末考试；必修课程层次考试成绩优秀者，可以进入下一个层次，即选修课程层次进行学习，这部分学生往往

对英语有着浓厚的兴趣，基本功扎实。这一层次的教学安排在大学的三、四学年，结合学生的学习兴趣和具体专业，有针对性地开设诸如"商务英语""法律英语"等课程，使学生在掌握专业知识的同时，具备深厚的英语功底，向"复合型人才"的培养目标迈进。

2. 教学内容的优化

安排合理的教学内容也是实现分级教学目标的主要组成部分，各个级别的学生需要具有针对性的教材和教学内容。第一，要重点把握教材的核心内容，比如英语词汇中的"高频词"讲解等，还要注重语言教学的社会属性视角，以真实的材料构建动态的教学情境，使学生在掌握语言功能与形式的同时，增强自身运用语言的能力；第二，要注重筛选教材的相关内容，由于英语讲授不可能面面俱到，若想在有限的课时中最大限度地夯实学生的英语基础，就必须筛选和控制相关知识，避免过多的"百科全书"式的讲解，将有限的时间与精力放在学生的英语基础和技能训练上来；第三，要积极拓展教材的必要内容，这是指与大学生的专业素养和创新能力相关的教学内容，通过这类内容的教学，培养学生的英语习惯和英语思维，使其树立自主学习的理念，进而发展其学习情感，提升个人的思想品德。

（三）对英语教学方法进行优化

在分级教学背景下，应该为不同级别的学生开发出不同的教学方法和教学体系。针对不同级别学生的基础层次，选取适合的教学方法，可以取得明显的教学效果。

1. 采用自主学习模式

自主学习模式是指学生在教师的指导下，在总体学习目标的框架下，根据自身实际情况而自由选择学习内容与方法的模式，有利于发展学生的主体性。英语课程的一大特点是实践性强，在教师的引导下，学生会逐渐将英语的学习变成自觉的行为。结合学生基础扎实、学习效率较高的特点，在对少量重点内容进行讲解的前提下，鼓励学生培养自学能力，有利于学生在最大限度上发挥出自身的潜能。

2. 采用合作学习模式

合作学习是将学生分为小组进行教与学的互动。合作学习的评价标准兼顾个人成绩与团体成绩。针对学生英语基础中等、学习方法和学习效率均在一般水平的情况，他们有比较强烈的追求成绩进步的愿望，但是缺乏恒心与毅力。他们对英语的基本知识已经掌握，却缺乏对其中更精深的知识的理解。因此采用合作学习模式，为其创造更多的英语实践机会，在与小组成员之间的沟通过程中使其智力因素与非智力因素都得到发展，并在巩固基础知识的基础上掌握新知识。

3. 采用讲授教学模式

针对英语底子薄弱，对英语课缺乏浓厚的兴趣，没有掌握恰当的学习方法，学习效率比较低的学生，对英语基础知识的巩固是当务之急。在讲授教学模式中，教师应注重使这部分学生尽快对英语课程的知识体系有一个清晰的把握，从而加快认知速度，扩大知识范围。需要注意的是，教师应该着力克服讲授教学模式的固有缺陷，即学生的"被动灌输"，要提高自身的课堂调控能力和教学材料组织技巧，使英语讲授的过程充满趣味性与实用性，增强教学效果。

（四）教学评价的优化

"教学评价是指依据一定的客观标准，以搜集相关信息为基础，运用科学的方法，对师生的教学活动及其效果进行价值判断的活动。"在高校英语课程实施分级教学的过程中，教学评价行为应该存在于教学全过程。在分级教学伊始，先对学生进行的分级就属于对学生英语水平和能力的诊断性评价。这个阶段的评价行为可以使教师把握学生英语的实际水平与需求，确定学生的学习起点，将学生置于适合其实际情况的级别之中，使大学英语教学更具针对性。

具体的评价分为两大类，分别是形成性评价与终结性评价。在教学过程中进行的评价叫作形成性评价，形成性评价目的是针对学生的英语学习过程进行管理，及时得到学生的反馈信息，为教师改进教学提供依据，同时也为学生在层级之间的流动提供客观依据。在某一相对完整的教学阶段结束后，对分级的学生进行终结性评价，具体做法是，对学生在学习期间具体学业表现进行评价，这个评价阶段可以采用教师评价学生、学生自身自评、学生与学生之间互评的方式。此外，还可参考领导评价、同行评价与学生评价来实现对教师教学行为的评价。

  各院校应该结合自身的定位，充分考虑生源的差异性和大学英语课程教学目标，明确英语分级教学模式的原则与方法。通过设计合理的英语分级模式，为分级教学提供有效开展的具体思路，同时为其顺利付诸实践提供支持和保障。

第五章 大学英语教学模式改革的理论基础

第一节 基于建构主义的课程设计改革

课程设计也就是制订课程，包括制订教学计划（学校课程标准）、编写教学大纲（学科课程标准）和教科书。课程设计是将课程基本理念转化为课程实践活动的"桥梁"，其水平的高低是制约教育教学质量的一个重要因素。因而，有学者指出，课程设计中应当处理好人的发展与社会发展的关系、认识与价值的关系、逻辑序列的关系以及传承与革新的关系。在我国，课程设计虽已取得一定的成果，但仍存在课程设计理论不够成熟、课程设计理念研究与课程改革实践脱节等问题，使课程设计研究的发展陷入尴尬境地。而建构主义的知识观、学生观、教学观、情境观等一系列思想为我国新课程改革中课程设计的改革提供了理论基础，且给课程设计实践以重要启示。

一、基于建构主义的课程设计理念的转变

长期以来，在我国传统的课程体制下，课程设计研究未能立足于课程实践，未以解决课程实际问题为导向，而是游离于社会中心和学科中心之间，所以课程设计理念与实践相脱节，这就必然导致课程设计理论不能得到发展并走向成熟，同时实践问题也不能得到有效解决。

而在建构主义视野中，课程设计的理念是建立在其知识观、学生观、教学观、情境观四者有机结合的基础之上的，这为课程设计理念的转变提供了有力的理论支撑。

（一）由"静态"到"生成"：建构主义知识观

在建构主义看来，知识并非是对认识对象的"镜式"反映，知识具有生成性，而并非静态的、绝对的。所有认识对象都是客观存在的，并且其自身也是随着环境的改变而不断发生变化，因而对认识对象的解释也是因时因地而异，而不是一成不变，也没有"定论"可言。所有知识都有待于检验和反驳，对认识对象的解释也是动态生成的；认识者在认识对象的过程中也并非被动、消极地对事物做出"镜式反映"，而是主动积极地对其进行认识，其认识随着认识者自身知识面的拓展不断深入。认识者不是知识的主体和权威，更不是知识的客体。

这样基于建构主义知识观的课程设计，其设计的对象——知识不再是静态且绝对的，而是动态变化的。课程设计的目的不在于课程设计中包含或体现多少固定的知识，进而将其灌输给学生，而在于怎样通过"弹性的""灵活的"设计课程。通过师生共同参与，让学生学会学习，学会创造、发现。基于建构主义知识观的课程设计，其"设计"本身也同"知识"一样，并非是绝对的、客观的，而是生成的、弹性的。课程设计最终不是以"成品"的方式呈现出教学中所需的课程标准、教学大纲和教学内容，而是提供给师生一个参照，课程设计的具体内容更会随着教学活动的变化而发生改变。这与课程改革的目标是相符的：改变课程过于注重传授知识的倾向；改变课程结构过于强调学科本位、科目过多和缺乏整合的现状；改变课程内容过于注重书本知识的现状。

（二）由"目中无人"到"以人为本"：建构主义学生观

建构主义颠覆了传统意义上将学生视为"白板"以及教学中完全的"目中无人"的现象，认为作为教育对象的学生首先是一个"人"，但又是具有多种特性的人。一是学生具有主体性。学生是参与教学过程的主体，正如当前课程观背后的哲学理念——"以人为本"所主张的以学生为本，学生的个性是自由的，因而应予以尊重。二是学生具有发展性。学生作为一个独立的个体，其本身在学习的过程中完成其自身的发展，一步步走向成熟与健全，学生永远处在不断发展的过程中，甚至对于任何一个人来说，无论是从心理角度还是从生理上看，都是处在发展变化的过程中。换言之，生命不止，发展不止。学生的这种发展性为教育的开展提供了无限可能,教育应该为学生发展做好准备,为学生的发展创造良好的条件,以便其挖掘和开发自身的潜能。三是完整性。所谓完整性是指学生作为生命体而具有的生命整体性,因为人的生命是多层次、多方面的整合体。教育的真正功能在于让学生获取知识的同时,完善自身的人格,进而激发出自身潜在的灵感,在情感完美交融的过程中体验到生命的层次性和完整性。四是个性化。"每个学生都是一幅生动的画卷,教师应当体会学生生命的最大丰富性和主动性,关注学生成长与发展的每一点进步,帮助学生发现自己、肯定自己。"每一个教育者都应该意识到每一个学生都是一个独立且特别的个体,具有自身特有的个性,教育过程中要尊重学生的个性特点,充分调动学生的积极性和主动性。这就是教育教学过程中应遵循的基本原则——因材施教。

基于建构主义学生观关于学生特性的认识,课程设计应关照学生作为人所具有的各种特性来进行设计,而不能完全地"目中无人""目中无生",课程设计中要体现"以人为本""以生为本"的哲学理念,尊重学生的主体性与完整性,为学生的个性化发展创造良好的环境,这仰赖课程如何科学设计,课程设计应由"自上而下"的方式转变为"自下而上"的方式,从学生的需要出发,从课程实践出发调整课程设计方式。

(三)由"以教为主"到"以学为主":建构主义教学观

建构主义教学观主张大力推进主体性教学,教学活动的重心由"教"转移至"学",以"学"为主。教师并非教学过程中的唯一主体,教师传授知识的活动也并非教学活动的重心和主导活动,教学过程不是知识单向传递的过程。建构主义强调学生在教学过程中的主体地位,聚焦学生"学"的过程,强调教学过程是学生在教师的帮助下自己主动建构知识的过程,因而需要发挥学生学习的主动性和积极性,引导学生建构自身的知识体系。所谓知识建构,一方面是指学生以原有知识经验基础去理解当前的新知识,即奥苏伯尔的"同化论",另一方面指学生依据新经验对原有知识做出某种调整和改造,即"顺应"。这个建构过程只能由学生本人主动完成,学生建构知识的过程先是在教师的指导与引领下,分析知识的合理性和有效性,深入理解知识的内在含义,结合自身已有的知识经验形成自己对知识新的解释和看法，而并非对知识进行浅层次的理解进而机械的记忆。

从这个角度看，建构主义教学观强调教学活动中学生是主体，教学过程中应给予学生尽可能多的独立且有效活动的机会。让学生在主动参与活动的过程中，建构自己的知识体系。基于此，课程设计过程中应充分尊重学生的主体地位、以学生的学为中心，在考虑从人类社会历史经验到科学和生活中选择什么、怎样组织、安排问题时，应将学生的需要、学生的兴趣、个性特点、学生已有水平置于首要位置。

（四）由"抽象化"到"情境化"：建构主义情境观

"学习总是发生在情境之中，而情境则与融合在其中的知识形成了不可分割的联系。"建构主义强调在教学过程中，应将学生从抽象的知识体系中引出，引导学生进入真实的问题情境中，用生动、形象、真实的故事呈现问题与知识，进而启发学生思维。教学情境生活化、生动化，进而使教学内容由"抽象化"走向"情境化"，由"复杂化"走向"简单化"。建构主义所谓的"情境"必须具有真实性、复杂性、情节性等特点。

基于此，课程设计在制定教科书时，强调再现知识产生的背景和应用情境，营造真实生动的学习环境，进而实现学习效果的最优化。课程设计尊重学习的情境性有两方面的意义：一方面在于通过教科书知识编排的"情境化"，赋予看似复杂、抽象的科学知识以生动鲜活的生命气息，便于学生灵活理解和把握；另一方面，尊重情境性的课程设计必然强调"情境化"教学设计，只有在一定鲜活生动的情境中，教学才能顺应学生发展规律，并能滋润其情感，点燃智慧的火花。这样的教学要求在进行课程设计时应注意所选内容及组织编排内容时"留有余地"，以便教学中灵活地运用情境。

二、建构主义视野下的课程设计实践探索

基于建构主义的知识观、学生观、教学观和情境观，课程设计过程中应坚持直接经验与间接经验相结合的原则、主观性与客观性相结合的原则、稳定性与动态性相结合的原则，课程目标由"具体"转向追求"模糊"，与之相应，课程内容也具有"生

成性",因而得以扩充。

(一)建构主义视野下课程设计的基本原则

1. 直接经验与间接经验相结合

现代课程论倾向于把课程定义为"学生通过学校教育获得旨在促进其身心全面发展的教育性经验"。从建构主义角度来看,这一关于课程的定义既强调学生的主体性又强调经验的获得。建构主义知识观认为所谓经验,应该也是不断生成的,包括直接经验和间接经验,即通过学习主体自身的实践、体验,将所学知识内化。完善自身的认知结构,这一过程实际上也是直接经验与间接经验相互综合、相互渗透的过程。在这一过程中,学习主体已有的知识经验及其自身的实践、体验所得经验为直接经验,而学校给学习主体提供的教育环境中包含的知识多为间接经验。建构主义指导设计课程中必须遵循直接经验与间接经验相结合的原则,因为它们都强调对主体经验和主体活动的关注。课程设计过程中应关照学习主体的直接经验,兼顾间接经验的选择、组织、安排,将二者合理联系起来,以便提高教学效率。

2. 主观性与客观性相结合

建构主义者认为,课程本身及学习者都具有主观性,课程是知识的表现形式,建构主义知识观的核心是知识是主观性的存在,是学习者个体经验的总结,因而课程也具有主观性。建构主义学生观认为学习者是独立的、有思维的活动个体,在课程实施中主动构建自身知识体系,显然是具有主观性的。从马克思主义唯物辩证法的角度看,学习者本身就具有主观能动性,因而课程设计要尊重课程和学习者的主观性。人类社会历史经验是已经存在的,具有历史客观性。课程设计还受一定文化环境的影响,而文化环境也是客观存在的;课程设计还受一定社会文化环境的影响,而社会文化条件也是客观存在的,因而课程设计要将学生主体的主观性与人类社会历史和存在的客观性相统一。

3. 稳定性与动态性相结合

建构主义强调以学生为中心的课程设计方向。基于建构主义学生观,一方面,学生在一定阶段具有相对稳定的性格特征和智力发展水平；另一方面，课程目标及教育的最终目标是为了促进学生经验的增长、个体的发展，同时课程设计要体现出动态变化。建构主义知识观强调知识是动态性、生成性的，但一定历史时期的知识也具有相对稳定性。基于此，课程设计既要有明确的对象和内容，制订相对稳定的教学计划（学校课程目标）及教学大纲（学科课程标准），又要尊重学生知识的动态生成性并顺应知识日新月异的时代发展背景，体现课程设计的灵活性。

（二）建构主义视野下的课程目标

课程目标是指一定教育阶段的学校课程力图促进该阶段学生的身心发展所需要达到的预期程度。课程目标是教育目的的转化，传统课程理论认为课程目标是课程结构的核心部分，一旦目标确定就不再改变，课程实施严格围绕目标进行，并且往往将目标着眼于学生对知识的掌握程度，这是较为狭隘的理解。建构主义情境观应用于课程领域，似乎"模糊"了以往的课程目标。建构主义者认为，课程目标是在教学过程中逐渐凸显的，而不是事先预设的。因为"目的是演进着的，而不是预先存在的。目的是演进中的教育过程的方向的性质，而不是教育过程的某些具体阶段的，或任何外部东西的方向的性质。它们对教育过程的价值，在于它们的挑战性，而不在于他们的终极状态"。建构主义者认为，课程设计的过程中关于课程目标的设定可以是模糊的，或者是宏观的，而不是具体的。课程目标在于学生的知识、能力、个性的全面发展，在于培养学生的创新能力。此外，所谓"发展"，其本身就是一个"模糊"的标准，是动态生成性的发展的状态。

（三）建构主义视野下的课程内容

对课程理解的不同，会导致在课程设计过程中对课程内容选择的不同。建构主义知识观，强调教学是学习者的主动性及其经验的建构。因而，在建构主义指导下，课程内容已打破原有的僵化、呆板的状态，也摆脱了"利用过去的教材，教导现在的学生，面对未来的挑战"的尴尬境地。世界在发展，人类在进步，以文化为基础的课程内容也应该不断扩充和更新。

建构主义在扩充课程内容方面的影响具体体现在：一方面，建构主义改变了以往的课程资源观，在新课程改革下课程资源观表现为：生活世界处处有课程资源；教材、课程标准是基本而特殊的课程资源；教师、学生是重要的课程资源；教学过程是课程资源生成的过程。另一方面，建构主义影响了课程内容的选择，传统的课程观认为，课程内容选择的主动权在课程专家和教师手中。建构主义强调学习者的主体性，学生也有选择课程内容的权利，并且应该是确定课程内容的主体。课程目标在于促进学生知识能力、情感等各方面的发展。课程内容的选择也应依据学生的兴趣、发展方向而定。课程内容选择权的扩大化，必然有助于扩充课程内容。

在新课程改革中，建构主义与课程相结合是必然的。一方面，这是建构主义发展渗透到各个领域的必然趋势；另一方面，也是课程改革中不断探索新途径解决课程发展中存在的问题的必然要求。课程设计是新课程改革的一个重要方面，建构主义知识观、学生观、教学观、情境观等思想主张渗透到课程领域，不仅为课程设计理念的转变提供了有力的理论支撑和依据，而且为课程设计实践提供了工具性的方法指导。

第二节　大学英语教学模式改革的理论基础

为了提高我国大学英语教学的质量和成效，就必须加大对教学模式的改革和创新。

一、我国大学英语教学模式改革的背景

长期以来，我国大学英语教学普遍采用较为单一的模式，大致遵循"复习旧课—引入新课—学习新课—作业布置"这样一套较为固定的教学程序，且教学手段局限于课本、板书、录音机等，多采用"教师讲学生听"的大班教学，教学效果的评价主要是期末考试成绩或四、六级考试成绩，教学目的也更多地为了通过考试。即使最近几年随着多媒体技术的发展，部分教师将其引入课堂，但很多教师也仅仅是将黑板上的板书移植到PPT，将听力播放工具从录音机转移到电脑。这样一种传统的教学模式，

使得我国学生在学习英语方面存在持续时间长、应用能力差的现状。很多学生通过多年的英语学习，仅仅是为了通过考试，甚至通过考试也相当困难，在语言的实际应用能力方面和社会对人才英语能力的要求存在较大差距。出现这样的尴尬局面，较为重要的原因之一是在教学活动本质认识上存在偏差。教学活动不是简单的"教师教、学生学"这样一个简单的过程，它是涉及教师、学生、教材、教法、教学理念及手段、教学评价方式等多种影响因素的复杂过程。因此，要想提高教学效果，就要结合我国英语教学的实际情况，认真分析影响教学效果的多种因素，改革教学模式，从而推动我国大学英语教学不断发展。

二、我国大学英语教学模式改革的主要支撑理论

（一）认知主义

按照学习理论分类，教学理论相应地可以分为联结说理论和格式塔理论。联结说理论在 20 世纪 60 年代发展为行为主义，而格式塔理论则发展为认知主义。认知主义将知识的实质、如何获得知识、怎样把知识应用到创造性活动等作为研究范围。行为主义认为学习是受外部环境的支配而被动地进行"刺激－反应联结"的过程，是在不断地练习和强化的过程中形成的类似于条件反射的习惯。而认知学派则认为学习是学习者内部心理结构的形成和改组，该过程包括信息输入和输出的加工。学习者在获得新知识的过程中，其本身已经拥有的知识、经验发挥了极其重要的作用。来自外部信息的输入刺激会将学习者长时记忆的信息激活，而被激活的认知结构则对学习者消化吸收新信息提供了"必要的机制"。因此认知主义认为学习者获得知识不是依靠教师的灌输，不是被动的接受者，而是要作为学习活动的主动参与者去探索发现。因此，从认知理论的角度出发，学习语言是一项复杂的知识技能的习得过程，学习者可以利用元认知了解整个学习的过程，并据此制订学习的计划、自我监控学习过程、开展学习效果的自我评价等。

（二）建构主义

学界通常认为建构主义是认知主义的发展延续，它不是一种完全区别于认知主义的观念，但两者存在的不同之处是建构主义更加强调知识构建过程中的主观性。在建构主义者看来，语言知识的获得是在一定的社会文化背景之下，借助他人帮助并利用学习语言的资料，通过意义建构而习得的过程。因此，学习语言的过程并非是教师将知识单向传递给学生，也并非简单的信息积累过程，而是学习者主动构建自身知识的过程。在这个建构过程中，教师起到帮助者和促进者的作用，学生成为教学的中心，是主动参与者。同时，建构主义者还强调知识构建的情景，在一定的情景下学习者可以通过互动和合作进行学习。学习者在习得语言知识过程中，要依靠自我经验及别人的协作，教师在这一过程中设计适宜的教学情景，激发学生学习的动机并使其学会自主学习，帮助学生构建所学新知识的意义。

（三）人本主义

人本主义是20世纪五六十年代兴起的一个重要学术流派。该流派不赞同行为主义者将人当作动物或者机器而忽视了人本身发展的观点，同时也不赞同认知主义重视认知结构而忽视人的价值、态度、情感等因素对学习所具有的影响。它认为在学习过程中，学习者具有主体地位，强调学习者的潜能和学习过程。人本主义是从一个全新的角度来研究学习，它看重学习者的自我实现。根据人本主义的观点，语言教学不是教育的全部，因为学生都是活生生的人，他们是有自己思想、情感、各种需求的。教育是帮助学生学会学习，赋予学习经验个体意义，促进学习者的成长。因此，教师不应当将学生简单看作教育对象，而应将其视为学习的主体，是整个教学活动的平等参与者。学习不再仅仅是简单的认知成分的参与，而是要使学生在学习过程中实现自身潜能和更全面、更充分的发展。教师在这一过程中，不仅仅是学生学习的促进者和帮助者，还应当是学生人格成长方面的促进者和帮助者。

第三节 教学系统设计的理论基础

一、传播理论与教学设计

（一）传播过程到教学传播过程要素的演绎

哈罗德·拉斯韦尔（Harold Dwight Lass well）提出的"5W"公式描述了颇具代表性的大众传播过程的五个基本要素和直线式的传播模式。

1958年布雷多克（Bnuklock）在此基础上发展了"7W"模型的教学传播过程（实际上增加了两个要素）：

Why　　　　为什么　　　　教学目的

Where　　　在什么情况下　　教学环境

之后这些要素就成为研究教学过程、解决教学问题的教学设计所关心和考虑的重要因素。

（二）传播理论揭示教学过程要素之间的相互联系

1960年，伯罗在拉斯韦尔研究的基础上，提出了传播过程模式，进一步解释了教学信息传播过程的复杂性。

他指出传播的最终效果不是由传播过程中某一部分决定的，而是由组成传播过程的信息源、信息、通道和受者四个部分以及它们之间的共同关系决定的，而传播过程的每一个组成成分又受其自身因素的制约，所以传播过程从信息源到信息接收者，至少有五个因素影响信息传递效果。

1. 传播技能。传者的表达、写作技能和受者的听读技能都会影响传播效果。

2. 态度。传者和受者自身的态度、对所传信息内容以及彼此间的态度等。

3. 知识水平。传者对所传播的内容是否完全掌握，对传播的方法、效果是否熟知，受者原有的知识水平等。

4. 社会文化及背景。不同的社会阶层和文化背景也影响传播方法的选择和对传播内容的认识和理解。再从信息这个要素来看，它也受信息内容、信息要素以及信息处理、结构安排和编码方式等各种因素的制约。

5. 信息传递通道。不同的传播媒体与所传递信息的匹配不一样，对感官的刺激就会不同，从而影响传播效果。

（三）传播理论指出了教学过程的双向性

1954年奥斯古德（Charles Egerton Osgood）和施拉姆（Schramm）提出了奥斯古德与施拉姆循环模式，核心是在传播过程中建立反馈系统。

教学信息是通过教师和学生双方的传播行为来实现的，所以教学设计必须重视教与学两方面的分析与安排，并充分利用反馈信息，通过反馈环节随时进行调整和控制，以达到预期的学习效果。

（四）传播过程与教学设计过程要素的比较

在相应领域，如传播内容分析、受众分析、媒体分析、效果分析等研究成果在不同程度上为教学设计中的学习内容分析、学习者分析、教学媒体的选择及教学评价等环节所吸收。

二、学习理论与教学设计

学习理论是探究人类学习的本质及机制的心理学理论，而教学设计是为学习创造环境，是根据学习者的需要设计不同的教学计划，在充分发挥人类潜力的基础上促进人类潜力的进一步发展，因而教学设计必须广泛了解学习及人类行为，以学习理论作为其理论基础。

（一）学习理论

学习理论主要有行为主义学习理论、认知主义学习理论、建构主义学习理论、人本主义学习理论。

1. 行为主义学习理论

行为主义学习理论诞生于20世纪初,它是在反对结构主义心理学的基础上发展起来的,其代表人物有巴甫洛夫、桑代克、斯金纳、班杜拉等。行为主义的学习理论可以用公式S—R来表示,其中S表示来自外界的刺激,R表示个体接受刺激后的行为反应。他们认为个体在不断接受特定的外界刺激后,就可能形成与这种刺激相适应的行为表现,他们把这个过程称为S—R联结的学习行为,即学习就是刺激与反应建立了联系。行为主义学习理论"重视与有机体生存有关的行为的研究,注意有机体在环境中的适应行为,重视环境的作用"。

(1) 巴甫洛夫的经典条件反射

①保持与消退。巴甫洛夫发现,在动物建立条件反射后继续让铃声与无条件刺激(食物)同时呈现,狗的条件反射行为(唾液分泌)会持续地保持下去。但当多次伴随条件刺激物(铃声)出现而没有相应的食物时,则狗的唾液分泌量会随着实验次数的增加而自行减少,这便是反应的消退。教学中,有时教师及时的表扬会促进学生暂时形成某一良好的行为,但如果过了一些时候,当学生在日常生活中表现出良好的行为习惯而没有再得到教师的表扬,这一行为很可能会随着时间的推移而逐渐消退。

②分化与泛化。在一定的条件反射形成之后,有机体对与条件反射物相类似的其他刺激也做出一定的反应的现象叫作泛化。比如,刚开始学汉字的孩子不能很好地区分"未"跟"末",或"日"跟"曰"。如果只强化条件刺激,而不强化与其相似的其他刺激,就可能导致条件作用的分化。比如在体育教学中,教师帮助学生辨别动作到位和不到位时的肌肉感觉,从而使学生动作流畅、有力。

③高级条件作用。在条件作用形成以后,条件刺激可以像无条件刺激一样诱发出有机体的反应。这种由一个已经条件化了的刺激来使另一个中性刺激条件化的过程,叫作高级条件作用。即在一级条件作用的基础上建立二级条件作用,在二级条件作用的基础上建立三级条件作用。

④两个信号系统理论。凡是能够引起条件反应的物理性条件刺激叫作第一信号系

统的刺激；凡是能够引起条件反应、以语言符号为中介的条件刺激叫作第二信号系统的刺激。"谈虎色变"就属于第二信号系统的条件作用。人类学习与动物学习的本质区别就在于有了以语言为主的第二信号系统。

（2）华生对经典条件作用的发展

华生的刺激—反应学说。行为，指的是有机体所说的所做的，是能直接观察到的。刺激，指的是外界环境中的任何东西以及各组织引起的种种变化。反应，指的是有机体所做的任何动作。华生认为组成行为的基本单位是刺激—反应（S—R）。刺激—反应之间的联系是直接的，不存在心理、意识的中介。学习就是以一种刺激替代另一种刺激建立条件作用的过程。人出生时只有几个反射（如打喷嚏、膝跳反射）和情绪反应（如爱、怒、惧等），所有其他行为都是通过条件作用建立新刺激—反应联结而形成的。学习的实质在于形成习惯，学习的过程乃是形成习惯的过程，即刺激与反应间牢固联结的过程。

（3）桑代克的联结学说

美国实证主义心理学家桑代克用科学实验的方式来研究学习规律，提出了著名的联结学说。桑代克的实验对象是一只可以自由活动的饿猫。他把猫放入笼子，然后在笼子外面放上猫可以看见的鱼、肉等食物。笼子中有一个特殊的装置，猫只要一踩笼中的踏板，就可以打开笼子的门闩出来吃到食物。一开始猫放进去以后，在笼子里上蹿下跳，无意中触动了机关。于是它就非常自然地出来吃到了食物。桑代克记录下猫逃出笼子所花的时间。然后又把它放进去，进行又一次尝试。桑代克认真记下猫每一次从笼子里逃出来所花的时间，他发现随着实验次数的增多，猫从笼子里逃出来所花的时间在不断减少。到最后，猫几乎是一被放进笼子就去启动机关，即猫学会了开门闩这个动作。

通过这个实验，桑代克认为所谓的学习就是人和动物通过不断的尝试形成刺激-反应联结，从而不断减少错误的过程。他把自己的观点称为试误说。试误说的主要内容有：学习的实质在于形成一定的联结；一定的联结是通过尝试错误（试误）过程而自动形成的，不需要以观念为中介；学习是试误过程，主要受练习律、效果律与准备律的支配；动物的学习是盲目的，而人的学习是有意识的。

桑代克根据自己的实验研究得出了三条主要的学习定律。

①准备律。在进入某种学习活动之前，如果学习者做好了与相应的学习活动相关的预备性反应（包括生理和心理的），学习者就能比较自如地掌握学习的内容。

②练习律。对于学习者已形成的某种联结，在实践中正确地重复这种反应会有效增强这种联结。另外，桑代克也非常重视练习中的反馈，他认为简单机械的重复不会造成学习的进步，告诉学习者练习正确或错误的信息有利于学习者在学习中不断纠正自己的学习内容。

③效果律。学习者在学习过程中所得到的各种正或负的反馈意见会加强或减弱学习者在头脑中已经形成的某种联结。效果律是最重要的学习定律。桑代克认为学习者学习某种知识以后，即在一定的结果和反应之间建立了联结，如果学习者遇到一种使他心情愉悦的刺激或事件，那么这种联结会增强，反之会减弱。他指出，教师尽量使学生获得感到满意的学习结果尤为重要。

（4）斯金纳的操作条件反射学说

继桑代克之后，美国又一位著名的行为主义心理学家斯金纳用白鼠作为实验对象，进一步发展了桑代克的刺激－反应学说，提出了著名的操作条件反射学说。

与桑代克相类似的是，斯金纳也专门为实验设计了一个学习装置——斯金纳箱。箱子内部有一个操纵杆，只要当饥饿的小白鼠按动操纵杆，小白鼠就可以吃到一颗食丸（用食物做的小丸子）。开始的时候小白鼠是在无意中按下了操纵杆，吃到了食丸，但经过几次尝试以后，小白鼠"发现"了按动操纵杆与吃到食丸之间的关系，于是小白鼠会不断地按动操纵杆，直到吃饱为止。斯金纳把小白鼠的这种行为称为操作性条件反射或工具性条件反射。斯金纳与桑代克的主要区别在于：桑代克侧重于研究学习的S—R联结，而斯金纳则在桑代克研究的基础上进一步探讨小白鼠乐此不疲地按动操纵杆的原因——小白鼠每次按动操纵杆都会吃到食丸。在这一实验中，白鼠学会了按压操纵杆而获取食物的反应，把强化（食物）与操作性反应联系起来，形成了操作性条件作用。

操作性条件作用的主要规律有：

①强化。所谓强化，是指能够增强反应频率的后果。行为之所以发生变化就是因为强化作用。强化的作用在于改变同类反应在将来发生的频率。强化又分正强化和负强化。正强化通过呈现想要的愉快刺激来增强反应频率。负强化通过消除或中止厌恶、不愉快刺激来增强反应频率。凡是能够增强反应频率的刺激或事件叫作强化物。

②惩罚与消退、维持。当有机体做出某种反应之后，呈现一个厌恶刺激或不愉快刺激，以消除或抑制此类反应的过程，被称为惩罚。惩罚与负强化不同。负强化是通过消除厌恶刺激来增加反应在将来发生的频率，而惩罚是通过呈现厌恶刺激来降低反应在将来发生的频率。

有机体做出以前曾被强化过的反应，如果在这一反应之后不再有强化物的伴随，那么这一反应在今后发生的概率便会降低，这种现象叫作消退。

维持就是行为的保持。操作性条件作用一旦形成，为了永久保持所获得的行为，应当逐渐减少强化的频次，或者使强化变得不可预测。

③逃避条件作用与回避条件作用。当厌恶刺激或不愉快情境出现时，有机体做出某种反应，从而逃避了厌恶刺激或不愉快情境，则该反应在以后的类似情境中发生的概率便会增加，这类条件作用称为逃避条件作用。但预示厌恶刺激或不愉快情境即将出现的信号呈现时，有机体自发地做出某种反应，从而逃避了厌恶刺激或不愉快情境的出现，则该反应在以后的类似情境中发生的概率也会增加，这类条件作用称为回避条件作用。"防患于未然"就属于回避条件作用。

2. 认知学习理论

20世纪60年代以后，随着认知心理学的诞生，学习理论开始重视研究学习者处理环境刺激的内部过程和机制，用S—O—R（O即学习时的大脑加工过程）模式来取代简单的没有大脑参与的S—R联结，强调有机体的学习是在大脑中完成的对于人类经验重新组织的过程，主张人类的学习模式不应该简单地观察实施刺激以后有机体的反应方式，而应该重视学习者自身的建构和知识的重组，应该强调不同类型的学习有不同类型的建构模式，主张在教学中要加强学习者有意义学习的比重，运用同化与顺应的方法有效促成学习者知识结构的建立。认知学派的主要代表人物有布鲁纳、奥苏贝尔、加涅、皮亚杰等。

（1）布鲁纳的认知结构学习理论

布鲁纳的主要教育心理学理论集中体现在1960年出版的《教育过程》一书中。对于布鲁纳在教育心理学方面做出的卓越成就，美国一本杂志曾这样评价："他也许是自杜威以来第一个能够对学者和教育家谈论智育的人。"这足以看出布鲁纳在学术界的崇高威望。

①重视学科基本结构的掌握。布鲁纳强调，"不论我们选教什么学科，务必使学生理解该学科的基本结构"。所谓"基本"，就是具有既广泛而又强有力的适用性。学科的基本结构包括基本概念、原理及基本态度和方法等。

掌握学科基本结构的教学原则有以下几点。

动机原则。几乎所有的学生都具有内在的学习愿望，具有求知欲、成功的欲望和人与人之间和睦共处的需要，内部动机是维持学习的基本动力。

结构原则。任何知识结构都可以用动作、图像和符号三种表象形式来呈现。教师应根据学生的年龄、知识背景和学科性质选择最好的呈现方式。

程序原则。通常每门学科都存在着各种不同的程序，要根据过去所学习的知识、智力发展的阶段、材料的性质以及个别差异等采取学习者适用的具体程序。

强化原则。反馈和强化是有效学习的重要一环。

②强调基础学科的早期教学。布鲁纳有句名言："任何学科的基础知识都可以用某种形式教给任何年龄的任何人。"因此他主张将基础知识下放到较低的年级教学，他认为任何学科的最基本的观念都是既简单又强有力的，教师如果能够根据各门学科的基本概念按照学生能够接受的方式开展教学的话，就能够帮助学生缩小"初级"知

识和"高级"知识之间的差距，有效促进知识之间的迁移，引导学生早期智慧的开发。他认为，加强基础学科的早期教学，让学生理解基础学科的原理，向学生提供具有挑战性但是适合的机会使其步步向前，有助于学生在学习的早期就形成以后进一步学习更高级知识的同化点。布鲁纳列举了物理学和数学学习中的例子来进一步说明，如果学生能早一点儿懂得学科学习的基本原理的话，就能更容易地完成学科知识的学习，他把这种对学科基本原理的领悟和掌握称为通向"训练迁移"的大道，其意义在于不仅能够帮助学生理解当前学习所指向的特定事物，而且"能促使他们理解可能遇见的其他类似的事物"。

③主张学生的发现学习。所谓发现，是指学习者独自遵循他自己特有的认识程序亲自获取知识的一切方式。教学是要促进学生智慧或认知的生长，"教育工作者的任务是要把知识转换成一种适应正在发展着的学生的形式，以表征系统发展的顺序，作为教学设计的模式"。由此，教师在教学中要使用发现学习的方法。

使用发现法应遵循四个步骤：创设问题情境，提出学生感兴趣的问题；激发学生探究的欲望，提供解决问题的各种假设；从理论上或实践上检验自己的假设；引导学生运用分析思维去验证结论，最终使问题得到解决。

布鲁纳之所以强调在教学中要重视学生的发现学习，原因在于他通过比较研究发现学习和接受学习，看到发现学习有以下几个比较明显的优点：第一，有助于激发学生的好奇心和探索未知事物的兴趣；第二，有助于调动学生的内部动机和学习的积极性；第三，有助于学生批判性、创造性思维的发展。

当然，发现法自身也有局限，这就是：只有极少数高水平的学生能真正用发现法学习，对于学得慢的学生来说，发现学习是比较难的；对发现学习的界定缺乏科学性和严谨性；发现学习比较费时间，很难保证学习效率。

（2）奥苏贝尔的认知同化理论

奥苏贝尔是美国的认知心理学家，他对教育心理学的杰出贡献集中体现在他对有意义学习理论的表述中。他在批判行为主义简单地将动物心理等同于人类心理的基础上，创造性地吸收了皮亚杰、布鲁纳等同时代心理学家提出的著名的有意义学习、先行组织者等理论，并将学习论与教学论两者有机地统一起来。

①有意义学习

奥苏贝尔学习理论的核心是有意义学习。他指出："有意义学习过程的实质就是符号所代表的新知识与学习者认知结构中已有的适当观念建立非人为的和实质性的联系。"在他看来，学习者的学习，如果要有价值的话，应该尽可能地有意义。奥苏贝尔将学习分为接受学习和发现学习、机械学习和意义学习，并明确了每一种学习的含义及其相互之间的关系。为了有效区分这四种学习，奥苏贝尔提出了有意义学习的两条标准：第一条，学习者新学习的符号或观念与其原有知识结构中的表象、有意义的符号、概念或命题等建立联系，如学习者在了解哺乳动物的基本特征后，再对照特征，知道鲸也属于哺乳动物家族中的一员；第二条，新知识与原有认知结构之间的联结是建立在非人为的、合乎逻辑的基础上的，如四边形的概念与学生原有知识体系中的正方形的概念的关系并不是人为强加的，它符合一般与特殊的关系。

奥苏贝尔在提出有意义学习标准的基础上进一步指出了有意义学习的两大条件：一是内部条件，学习者表现出有意义学习的态度倾向，即学习者表现出积极地寻求把新学习的知识与本人认知结构中原有知识联系起来的行为倾向性；二是外部条件，所要学习的材料本身要符合逻辑规律，能与学习者本人的认知结构、认知特点相吻合，在学习者的认知视野之内。

奥苏贝尔提出了人类存在的三种主要的有意义学习的类型。

一是表征学习，主要指词汇学习，即学习单个符号或一组符号代表的是什么意思。比如"cat"这个单词，对于刚刚接触英语的孩子来说是无意义的，但老师多次指着猫对孩子说这就是"cat"，最后孩子自己看见猫的时候也会说这就是"cat"，这时候我们就能说孩子对"cat"这个符号已经获得了意义。

二是概念学习，主要指学习者掌握同类事物的共同的关键特征。比如学习者学习了"鸟"的概念，知道了鸟的共同的关键特征是体温恒定、全身有羽毛后，学生能指出鸡也应该属于鸟类，这个时候我们就能说学习者已经掌握了"鸟"这个概念了。

三是命题学习，命题学习必须建立在概念学习的基础上，是学习若干概念之间的关系或把握两个（或两个以上）特殊事物之间的关系的活动。这是一种最高级别的学习类型。学习若干概念之间的关系称为概括性命题学习，比如学习长方形的面积等于长乘以宽，这里的面积、长、宽可以代表任意长方形的面积、长和宽，而这里的乘积表示的是任意长与宽之间的联系。

②知识的同化

奥苏贝尔学习理论的基础是同化。他认为学习者学习新知识的过程实际上是新旧知识之间相互作用的过程，学习者必须积极寻找存在于自身原有知识结构中的能够同化新知识的停靠点，这里同化主要指的就是学习者把新知识纳入已有的认知结构中去，从而引起量变的过程。奥苏贝尔指出，学习者在学习中能否获得新知识，主要取决于学生个体的认知结构中是否已有有关概念（即是否具备同化点）。教师必须在教授有关新知识以前了解学生已经知道了什么，并据此开展教学活动。

奥苏贝尔按照新旧知识的概括水平及其相互间的不同关系，提出了三种同化方式。

一是下位学习（又称类属学习）。主要是指学习者将概括程度处在较低水平的概念或命题纳入自身认知结构中原有概括程度较高水平的概念或命题之中，从而掌握新学习的有关概念或命题。按照新知识对原有知识产生影响的大小，下位学习又可以分为两种：一种是派生类属学习，即新学习的知识仅仅是学习者已有概念或命题的一个例证或是一种派生物。例如，学习者掌握了个性心理的基本特征后，就不难理解个性心理中具有代表性的性格特征了，这种学习不仅使新知识获得了意义，而且使原有知识获得了证实或扩充。另一种是当学习者获得一定的类属于原有概念或命题的新知识以后，自身原有的概念或命题进一步精确化，受到限制、修饰或扩展，这种学习称为相关类属学习。例如，学习者已经熟悉了"氯在点燃状态下可以与铁发生化学反应"的命题，现在学习新的命题"溴在点燃状态下也可以与铁发生化学反应"，后一命题与前一命题之间只是相关关系，后者不可以从前者中派生出来。

二是上位学习（又称为总括关系）。是指在学习者已经掌握几个概念或命题的基础上，进一步学习一个概括或包容水平更高的概念或命题。如学习者在熟悉了"感知""记忆""思维"这些下属概念之后，再学习"心理过程"这个概括程度更高的新的概念，这个概括水平更高的新概念主要通过归纳原有下位概念的属性而获得意义。

三是并列结合学习。当新学习的概念和命题既不能与原有知识结构中的概念或命题产生下位关系，也不产生上位关系，而是并列关系时，这时的学习便只能采用并列结合学习。如学生在学习了心理过程的基本概念以后，再学习个性心理的有关知识，这时的学习就是并列结合学习。

③学习的原则与策略

奥苏贝尔还在有意义学习和同化理论的基础上提出了提出了三条原则。

一是逐渐分化原则。这条原则主要适合下位学习，奥苏贝尔认为学习者在学习新知识时，用演绎法从已知的较一般的整体中分化细节要比用归纳法从已知的具体细节中概括整体更容易，因而教师在传授新知识时应该先传授最一般的、概括性最强的、包摄性最广的概念或原理，然后再根据具体细节逐渐加以分化。二是综合贯通原则。这条原则主要适合上位学习和并列结合学习，奥苏贝尔主张教师在用演绎法渐进分化出新知识的同时，还要注意知识之间的横向贯通，要及时为学习者指出新旧知识间的区别和联系，防止由于表面说法的不同而造成知识间人为的割裂，促进新旧知识的协调和整合。三是序列巩固原则。这条原则主要针对并列结合学习，该原则指出对于非上位、非下位关系的新旧知识可以使其序列化或程序化，使教材内容由浅入深、由易到难。同时，奥苏贝尔也指出，对于这类知识的学习，教师还应该要求学习者及时采取纠正、反馈等方法复习回忆，保证促进认知结构中原有观念的稳定性以及对新知识掌握的牢固性。

关于学习策略，奥苏贝尔为了有效贯彻这三条原则，提出了具体的先行组织者策略。先行组织者是指在呈现新的学习任务之前，由教师先告诉学生一些与新知识有一定关系的，概括性和综合性较强、较清晰的引导材料，帮助学生建立学习新知识的同化点，以有效促进学习者的下位学习。根据所要学习的新知识的性质,奥苏贝尔列出了两种不同类型的先行组织者。对于完全陌生的新知识,他主张采用说明性组织者(或陈述性组织者),利用更抽象和概括的观念为下一步的学习提供一个可资利用的固定观念;对于不完全陌生的新知识,他主张采用比较性组织者,帮助学生分清新旧知识间的共同点和不同点,为学生获得精确的知识奠定基础。

3. 信息加工理论

加涅认为教学必须考虑影响学习的全部因素,即学习的条件。学习的条件分为内部条件和外部条件。

(1) 加工系统

加工系统主要由信息的接收器、感觉登记器(记录器)、工作记忆和长时记忆组成。从学习环境中来的刺激作用于学习者的感受器,信息在一个感受记录器里短暂停留后,由选择性知觉经过加工输入短时记忆。如果信息在短时记忆中没有被复诵,一般保留不到 20 秒,且短时记忆的容量有限,一次只能记忆 7 个项目。需要记忆的信息须经过语义编码转化成有意义的形式进入长时记忆。长时记忆的信息经过两条途径进入反应发生器。一是长时记忆中的信息先回到工作记忆,再由工作记忆进入反应发生器,引起反应。这种条件下,人能意识到从长时记忆中提取信息。另一条途径是长时记忆中的信息直接进入反应发生器,引起反应。这种条件下,反应是自动进行的,不受人意识的控制。当信息从短时记忆或长时记忆中提取并传递到反应发生器激活效应器(肌肉)时,就导致学习者对环境可观察到的行为,至此学习者就完成了一次学习过程。

(2) 执行控制系统

执行控制系统的调节与控制作用主要体现在:

①感觉系统进行调节,使之选择适当的信息,予以注意;

②指导工作记忆中的信息加工方式的选择;

③对工作记忆和长时记忆中表征形式的选择;

④对长时记忆中的知识提取线索的选择;

⑤对解决任务的计划的执行予以监督。

（3）预期系统

预期是指人的信息加工活动是受目的指引的。认知目的能指引认知加工方式的选择，如学习者对学习结果有什么期望会对其如何感知外界刺激、如何编码记忆产生影响。认知加工活动的实现和预期目标的达成会带来情感的满足，由此进一步激励新的认知行为，所以预期是与信息加工活动的动力有关的系统。

在加涅看来，学习的发生要同时有外部条件和内部条件，教学的目的就是合理安排可靠的外部条件，以支持、激发、促进学习的内部条件，这就需要对教学进行整体设计，即教学设计。因为学习的过程有许多有顺序的阶段，所以教学也有相应的阶段。

（4）学习阶段。加涅在对学习活动进一步分析的基础上，把与学习过程有关的教学划分为以下八个阶段。

一是动机阶段。要使有效学习行为发生，学习者必须要有学习意向，所以学习的准备工作就是由教师以引起学生兴趣的方法去激发学生的学习积极性。

二是了解阶段。在这个阶段，教学的措施要引起学生的注意，提供选择性的知觉。主要的目的在于促使学习者将学习的注意力指向与他的学习目标有关的各种刺激。

三是获得阶段。教学在此阶段的任务是支持学生把了解的信息转入短时记忆系统，也就是对信息进行必要的编码和储存。教师可向学生提示编码过程，帮助学习者采用较好的编码策略来学习知识，以有利于信息的获得。

四是保持阶段。这个阶段主要是让学习者把获得阶段所得到的信息有效地放到长时记忆的记忆存储器中去。存储信息的内部过程到底在多大程度上受教学方式的影响，现在还没有完全研究清楚。但是，加涅认为有效地学习应适当地安排条件，如同时呈现不同的刺激来代替相似刺激，相互间干扰的减少就可以间接地影响信息的保持。

五是回忆阶段。也就是信息的检索阶段。在此阶段，为使所学的知识能以一种作业的形式表现出来，线索是必不可少的，因而加涅主张教学可以采取提供线索以引起记忆恢复的形式，或者采取控制记忆恢复过程的形式，以保证学生可以找到适当的恢复策略加以运用。另外，他认为教学还可以采用包括"有间隔的复习"等方式，使信息恢复有发生的机会。

六是概括阶段。在此阶段，教师提供情境，使学生学到的知识和技能以新颖的方式迁移，并提供线索，以应用于以前不曾遇到的情境。

七是作业阶段。在此阶段，教学的大部分是提供应用知识的时机，使学生展现出学习的效果，并为下阶段的反馈做好准备。

八是反馈阶段。在此阶段，学生关心的是他的作业接近或达到他的预期标准的程度。如果学生能够得到完成预期目标的反馈信息，对强化学习过程将有很大的影响。

4. 建构主义学习理论

建构主义是认知主义的进一步发展。在皮亚杰和早期布鲁纳的思想中已经有了建构的思想，但相对而言，他们的认知学习观主要在于解释如何使客观的知识结构通过个体与之交互作用而内化为认知结构。自 20 世纪 70 年代末起，以布鲁纳为首的美国教育心理学家将苏联教育心理学家维果茨基的思想传入美国，对建构主义思想的发展起到了极大的推动作用。维果茨基在心理发展上强调社会文化历史作用，强调活动和社会交往在人的高级心理机能发展中的突出作用。他认为，高级的心理机能来源于外部动作的内化，这种内化不仅通过教学，也通过日常生活、游戏和劳动等实现。此外，内在智力动作也外化为实际动作，使主观见之于客观。所有这些都对当今的建构主义者产生了很大的影响。

建构主义学习理论的基本观点：

建构主义在知识观、学生观、学习观等方面提出了许多新观点，其中有些观点虽过于激进，但对传统的教学和课程理论提出了巨大挑战，值得我们深思。

知识观。建构主义对知识的客观性和确定性提出了质疑，强调知识的动态性和情境性。它强调：知识并不是对现实的准确表征，它只是一种解释、一种假设，并不是问题的最终答案。知识并不能精确地概括世界的法则，在具体问题中，我们并不是拿来使用、一用就灵，而是需要对具体情境进行再创造。不同的学习者对同一个命题会有不同的理解。

学生观。建构主义者强调，学生并不是空着脑袋走进教室的，他们在日常生活、学习中已经形成了丰富的经验。所以，教学不能无视学生的这些经验，而是要把学生现有的知识经验作为新知识的生长点，引导学生从原有的知识经验中"生长"出新的知识经验。教学要为学生创设理想的学习情境，增进学生之间的合作，激发学生的推理、分析等高级思维活动，促进学生自身积极的意义建构。

学习观。建构主义者认为，学习不是教师向学生传递知识，而是学生建构自己的知识的过程。学生不是被动的信息吸收者，而是意义的主动建构者，这种建构不可能由其他人代替。学习者的知识建构过程具有三个重要特征：学习的主动建构性。面对新信息、新概念和新命题，每个学生都在以自己原有的知识经验为基础建构自己的理解；学习的社会互动性。学习任务是通过各成员在学习过程中的沟通交流、共同分享学习资源完成的；学习的情境性。知识并不是脱离活动情景抽象地存在，知识只有通过实际情景中的应用活动才能真正被人理解。因此，学习应该和情景化的社会实践活动结合起来。

5. 人本主义学习理论

人本主义是20世纪50年代末60年代初在美国出现的一种重要的教育思潮，主要的代表人物是马斯洛、罗杰斯等。人本主义心理学的主要观点是：心理学研究的对象是"健康的人"；生长与发展是人的本能；人具有主动地、创造性地做出选择的权利；人的本性中情感体验是非常重要的内容。

（1）马斯洛的需要层次论

马斯洛认为人的需要有五种，它们由低到高依次是生理需要、安全需要、归属和爱的需要、尊重需要和自我实现需要。在人的需要层次中，最基本的是生理需要；在生理需要得到基本满足之后，便是安全需要，即表现为个体要求稳定、安全、受到保护、免除恐惧和焦虑等；这之后是归属和爱的需要，即个体要求与他人建立感情联系，如结交朋友、追求爱情等；随后出现的是尊重需要，它包括自尊和受到他人尊重。这四种需要统称为缺失性需要。在上述这些低一级的需要得到基本满足之后,便进入自我实现需要层次。作为一种高级的需要,自我实现是指完满的人性和个人潜能的充分实现。从学习心理的角度看,人们进行学习就是为了追求自我实现,即通过学习使自己的价值、潜能、个性得到充分而完备的发展和实现。

马斯洛的需要层次理论说明,在某种程度上学生缺乏学习动机,可能是由于某种缺失性需要没有得到充分满足而引起的。如家境贫困使得温饱得不到满足;父母离异使得归属与爱得不到满足;教师过于严厉和苛刻,使得安全需要和尊重需要得不到满足等。所以,教师不仅要关心学生的学习,也应该关心学生的生活和情感,要让学生感觉到老师是尊重和热爱他们的,以排除影响学生学习的一切干扰因素。

(2)罗杰斯的自我实现人格论

人本主义心理学家认为,人的成长源于个体自我实现的需要,自我实现的需要是人格形成、发展的驱动力。人格发展的关键就在于形成和发展正确的自我概念。而自我概念的正常发展必须具备两个基本条件:无条件的尊重和自尊。其中,无条件的尊重是自尊产生的基础,因为只有别人对自己有好感(尊重),自己才会对自己有好感(自尊)。

患者中心疗法。罗杰斯认为患者有自我实现的潜能,这种潜能不是治疗者所创建的,而是在一定条件下自由释放出来的,故采用"患者中心疗法"。基本做法是鼓励患者积极叙述问题,自己解决问题。治疗者在治疗过程中,不为患者解释过去压抑于潜意识中的经验与欲望,也不对患者的自我报告加以评价,只是适当地重复患者的话,帮助他厘清自己的思路,使患者自己逐步克服他的自我概念的不协调,接受和澄清当前的态度和行为,达到自我治疗的效果。而要有效地运用患者中心疗法,使患者潜在的自我得到实现,必须具备三个基本条件:①无条件的积极关注。治疗者对患者应表现出真诚的尊重、关心、喜欢和接纳,即使当患者叙述某种可耻的感受时,也不表示冷漠或鄙视,即"无条件的尊重"。②真诚一致,不能虚伪做作。③移情性理解。治疗者要深入了解患者体验到的感情和想法,设身处地地了解和体会患者的内心世界。

6. 自由学习理论

罗杰斯在其撰写的《学习的自由》一书中，提出了以自由为基础的自由学习原则，主要包括以下几方面：①人生来就有学习的潜力。②教材有意义且符合学生学习目的时才会使其产生学习欲望。③学生只有在较少威胁的教育情境下才会有效地学习。这里所说的威胁，是指个人在求学过程中因种种因素所承受的心理压力。④主动、自发、全身心投入的学习才会产生良好效果。⑤学生自评学习结果。这有利于培养独立思考的能力和创造力。⑥重视生活能力的学习，以应对变动的社会。⑦涉及学习者整个人（包括情感和理智）的自我发起的学习，是最持久、最深刻的学习。⑧在现代社会中最有用的学习是了解学习过程、对经验始终持开放态度，并把它们结合到自己的变化过程中去的学习。

（二）教学设计与学习理论

1. 以行为主义联结学派心理学为基础的斯金纳程序教学设计理论的诞生与早期发展

行为主义产生于20世纪20年代的美国，由华生创始。他们的环境决定论和教育万能论都说明行为主义十分重视学习，但是他们对学习的研究仅仅局限于外部现象和外在条件，完全否定人的内部心理的存在。四五十年代，以斯金纳为代表的新行为主义主张"教育是塑造人的行为"，在长期研究中，斯金纳形成了学习和机器相联系的思想，制造了教学机器来实现"小步子教学"。尽管教学机器对教师主导作用的发挥存在障碍，对学生学习动机考虑甚少，但是程序教学的耐心、促进主动学习的热情和及时反馈的速度几乎是一般教师所不及的，从而促成了60年代的程序教学运动。

程序教学思想对教学设计产生了深刻影响，到70年代后，程序教学思想和方法又被广泛用于计算机辅助教学，但是行为主义把人视为消极被动的机械结构，任由环境摆布，否定人的主观能动作用，否定大脑对行为的支配和调节作用，使其在理论上显得苍白无力，因此教学设计不得不寻求其他理论。

2. 教学设计吸收各学习理论学派精髓作为其科学依据进行教学设计的实践

随着脑科学的发展，人们对心理认知的研究逐渐增多，使心理学中认知学派占据了主导地位。认知学派源于格式塔心理学,核心观点是学习不是机械的、被动的刺激——反应联结,学习通过主体的主观作用来实现。瑞士心理学家皮亚杰提出认知结构说。认为认识是主体转变客体的过程中形成的结构性动作和活动,认识活动的目的在于取得主体对自然、社会的环境的适应,达到主体与环境之间的平衡,主体又通过动作对客体的适应推动认识的发展。他将 S—R 联结改为 S—AT—R 联结,其中 A 代表同化,T 代表主体的认知结构。强调新旧知识相联系的过程,表明只有学习者把外来刺激同化进原有的认知结构中去,学习才会发生。60 年代,美国认知学派代表人物布鲁纳提出认知发现说,认为人的认知活动是按照一定阶段的顺序形成和发展的心理结构来进行的。这种心理结构就是认知结构。他提出的知识结构论和学科结构论是其发展理论同时付诸实践的主要功绩。他认为要让学生学习学科的基本结构,并指出学生在特定的年龄有特定的观察事物和解释世界的方式,任何观念都应该用一定年龄学生的思维方式去阐述。他认为,不应奴性地跟随学生认知发展的自然过程,而应促使学生步步向前。

认知学派的启示:学习过程是一个学习者主动接受刺激、积极参与和发散思维的过程。学习是依靠学习者的主观建构,把新知识同化到原有的认知结构中去。因此学习必须以原有的知识为基础,也只有丰富的知识才能启迪智力的发展,形成良好的认知结构。

要重视学科知识结构与学生认知结构的关系,以保证有效地学习。

近三十年来,加涅吸收了行为主义和认知学派的精华,成为联结–认知学派的代表人物。他主张既要揭示外部刺激与外在反应的作用,又要揭示内部过程的内在条件的作用。他的《学习条件》和《教学设计的原理》为教学设计提供了更多的支持。

三、教学理论与教学设计

教学理论是为解决教学问题而研究教学一般规律的科学。教学设计是科学地解决教学问题、提出解决方法的过程,为了解决教学问题,就必须遵循教学客观规律,因此教学设计离不开教学理论。

（一）教学设计的产生是教学理论发展的需要

古今中外的大量材料已经发现和揭示了许多教学过程中稳定性、普遍性的内在本质的联系和客观规律。但是教学理论多是涉及教学过程及其理论原理的个别方面，不能完整反映整个教学过程，因而在实践中推广容易陷入片面。另外，教学理论的层出不穷会使有的人无所适从，还有的人忽视发展，只知继承。人们已经认识到尽管教学理论对教学过程各要素都有肯定、明确的总结和认识，但是面对复杂的教学问题和教学过程中各要素的错综关系，仍然束手无策，教学设计正是应这种需要而产生的。

（二）教学理论的研究和发展为教学设计提供了科学依据

我国古代有孔孟的儒家教学思想，如孔子的"学而不思则罔。思而不学则殆""举一反三""因材施教"和孟子的"循序渐进""专心有恒"等，又如《学记》中"及时施教、教学相长、长善救失"，朱熹的"学问思辨行"。近现代，蔡元培、陶行知、陈鹤琴等教育家提出要发展学生的个性，必须从学生的特点出发，发挥其主观能动性，培养独立学习能力。

国外教学理论的发展，萌芽时期有苏格拉底、柏拉图的教育思想，昆体良的问答法、练习法、模仿等教学方法。近代夸美纽斯的《大教学论》对教育目的、内容和直观性、系统性、巩固性教学原则做了比较系统的阐明，并提出了班级授课制。卢梭提出了观察法、游戏法。现代的杜威反对传统的教师中心和课堂中心，主张学生中心和"做中学"的教学方法。尽管对教师在教学中的主导作用和系统科学知识的学习有所忽视，但对反传统教学具有重大的意义。

教学设计形成于20世纪60年代末，而50年代后发展起来的当代教学理论越来越受到青睐，教学设计也就更多、更直接地从中寻找科学依据。这包括布鲁纳以行为结果作为目标分类依据的教育目标分类理论、掌握学习理论、形成性评价理论，奥苏贝尔提出的有意义学习的观点和先行组织者的教学程序，等等。

（三）教学设计与教学理论的相互影响促进双方的进一步发展

教学理论是对一定条件下采取一定教学行动后产生的结果的客观总结，因此不可能适用于所有的教学实践。教学设计是运用系统方法鉴别教学实践中要解决的问题，根据问题情境，通过比较选择合适的教学理论作为依据来制定解决问题的策略，试行中还可以调整。这样，教学设计在系统过程中为教学理论应用实践的成功创造了良好的环境。另外，在解决实际教学问题时，会发现有的教学理论有不足之处，也会发现没有教学理论可以借鉴的情况，这样可以促使人们进一步地研究。而教学理论的完善，必将促进教学设计的成功。

四、教学设计与系统科学理论

所谓系统方法，就是运用系统论的思想、观点，研究和处理各种复杂的系统问题而形成的方法，即按照事物本身的系统性把对象放在系统的形式中加以考察的方法。它侧重于系统的整体性分析，从组成系统的各要素之间的关系和相互作用中去发现系统的规律性，从而指明解决复杂系统问题的一般步骤、程序和方法等。无论是宏观教学系统设计，还是微观教学系统设计，都强调系统方法的运用。系统方法采用的步骤是：

（1）系统地分析所要解决的问题的目标、背景、约束条件和假设，其目标是系统要求实现的功能；

（2）调研，收集与问题有关的事实、资料和数据，分析各种可能性，提出各种可供选择的方案；

（3）对这些方案做出分析，权衡利弊，选出其中最优方案并提出优化方案的准则；

（4）具体设计出能体现最优方案的系统；

（5）进行系统的研制、试验和评价，分析是否达到了预期的效果，发现不足之处及时纠正，直到实现或接近理想设计为止；

（6）应用和推广。

五、教学策略与系统设计理论

（一）核心观点

教学设计理论就是"教学科学"，教学系统设计理论是规定性的教学理论。瑞格鲁斯还提出了关于建立教学系统设计理论知识库的构想。他把教学理论的变量分为教学条件、教学策略、教学结果，并进一步把教学策略变量细分为教学组织策略、教学管理策略和教学传输策略。

教学组织策略可以进一步分为"宏策略"和"微策略"。宏策略：揭示学科知识内容中的结构性关系，也就是各部分之间的相互作用和相互联系。在实际教学中，用来指导对学科知识内容的组织和对知识点顺序的排列，它是从全局考虑学科知识内容的整体性记忆中各个部分之间的关系。微策略：强调按单一主题组织教学，策略部件包括定义、例题、练习等。在实际教学中，为如何教特定的学科内容提供"处方"，考虑的是一个个概念或原理的具体教学方法。

（二）细化理论

细化理论（the Elaboration Theory，简称 ET）的最早提出者是瑞格鲁斯，该理论的基础是认知学习理论。新知识的获取与保持在很大程度上取决于学习者原有的认知结构。奥苏贝尔是这种观点的最早提出者之一，他因提出先行组织者教学策略而著名。该理论是建立在两个关于认知结构的假定的基础之上的。

知识按层次结构组织，抽象程度较高的知识处于较高层次，随着抽象程度降低，其所处的层次也逐步降低。认知结构中的知识是相互作用、相互联系的。细化理论组织教学内容的基本原则是把更广泛、更一般的概念放在较高层次。除此之外，关注学科内容的各个部分如何彼此相关，记忆各个部分和整个学科之间的关系。

模式概括。

（1）一个目标：指 ET 的全部内容都是为了达到一个目标——按照认知学习理论实现对教学内容（即当前所教学科知识内容）最合理而有效地组织。

（2）两个过程：是指 ET 主要通过两个设计过程来实现上述目标。一是"概要"设计，"广角"看全部。二是一系列细化等级设计，"变焦"看部分。横纵两方面：同一等级上对不同教学内容细化（复杂程度相同），同一教学内容在相继等级中细化（复杂程度不同）。

（3）"选择"（selection）、"定序"（sequencing）、"综合"（synthesizing）和"总结"（summarizing），简称 4S。

选择是指从学科的知识内容中选出为了达到总的学习目标或单元的教学目标所要教的各种概念和知识点，从而为概要设计做好准备，这是 ET 的初始设计任务。

定序目的是要使教学内容（学科知识内容）按照"从一般到特殊"的次序来组织和安排，这既是概要设计和细化系列设计的指导思想，又是设计的基本内容，应该贯穿在这两个设计过程的始终，从而保证每次细化结果的一致性。

综合是要维护知识体系的结构性、系统性，即确定各个知识点之间的相互联系。通过综合应使学习者看到各个概念之间的关联以及它们在更大的概念图中（乃至整个课程中）所处的地位。在每一级细化过程中都将有两种形式的综合发生——内部综合与外部综合。

总结对于学习的保持和迁移都是很重要的。两种总结，一种是课后总结，另一种是单元总结。

（4）七种策略：指为保证细化过程的有效性和可操作性，必须在细化过程中适当运用的有关教学内容组织的七种宏策略。

宏策略 1：用于确定课程内容的细化顺序。

宏策略 2：用于确定每一堂课的内容顺序。

宏策略 3：用于确定总结的内容及总结的方式。

宏策略 4：用于确定综合的内容及综合的方式。

宏策略 5：用于建立当前所学新知识与学习者原有知识之间的联系（这是帮助学习者实现意义建构的关键）。

宏策略6：用于激发学习者的学习动机和认知策略，使学习者始终处于积极的信息加工状态。

宏策略7：用于实现学习者在学习过程中的自我控制。

第六章　大学英语教学方法与策略的理论结合

第一节　教学方法与实践原则

一、有效组织教学

所谓"组织",既包括整个教学过程的组织,也包括某一教学环节的组织。老师要横向地扩展学生的思维,并且消除学生"答错"的顾虑,鼓励学生勇于发言。拓展学生的思维,打开学生的探索思路,以接近问题的解决,使学生能够发言。鼓励不善言谈的学生多发表见解,有创新思维的学生发表好见解,然后"百家争鸣""推陈出新"地讨论、争辩、总结、提炼,使答案(结论)趋向完美。总之,要通过教师对学生学习英语的教学组织,培养出学生乐于探究、乐于讨论的积极态度,激发出师生互动、生动活泼的探讨热情,营造出科学探索、追求真理的研究氛围,让大多数学生乐于思索,勇于表达。

二、教学以学生为中心

在大学英语教学中以学生为中心,以人为本,以调动学生自身的学习英语的主动性、积极性为手段,以提高学生的学习兴趣、学习能力、创新意识为宗旨,在挖掘学生潜能、启迪学生思维的过程中传授大学英语知识与技能,促进学生知识、能力、素质的综合协调发展。教学中以学生为中心,而不是以教师为中心,也不是以教材为中心。

以人为本,而不是以知识为本,更不是以"应试"为本。以调动学生自身的学习主动性和积极性为手段，而不是以提倡争取"高分"为手段，更不是以让学生被动地死记硬背为手段。以提高学生的学习兴趣、学习能力、创新意识为宗旨，而不是仅仅以记住大量结论、重复多种方法、模仿许多技巧为宗旨。"挖掘学生的潜能，促进学生的个性发展，培养学生的全面素质"可以看作研究性教学的终极目标。

三、问题设置具有挑战性

教师要将问题设置在学生的最近发展区。如"What do you want to be in the future?" "Which teacher do you like best?" "What did you do last night?" "What are your hobbies?" 等，让学生感觉到问题很熟悉，但大脑中没有现成的答案，学生必须重新构建自己的知识。学生在自我构建的过程中，张开思维与想象的翅膀，寻找解决问题的策略。寻求的过程有常规的思考，也会有超常的想法，教师要及时引导和发现学生独特、新颖的想法，在独特和新颖中创新。

同时，教师要鼓励学生从不同角度提出问题，思考问题。当学生从不同角度提出问题的时候，学生思维的独创性和灵活性就充分体现出来了；当学生从不同角度思考问题时，就会加强思维的深刻性。开放性的问题就是指问题的条件、结论、方法，或者过程开放。由于问题开放，学生可以按照自己理解的方法去思考和想象可能的情况，在思考过程中，学生的创新精神和创新品质得到培养。

四、因材施教

大学英语教学要充分考虑因材施教。要考虑不同起点的学生，既要照顾起点较低的学生，又要给学有余力、基础较好的学生有发展的空间；既能使学生打下扎实的英语基础，又要培养他们较强的实际应用能力尤其是听说写的能力；既要保证学生在整个大学期间的英语语言水平稳步提高，又要有利于学生个性化的学习。具体情况具体分析，具体情况具体对待，有的放矢，因材施教，才能调动大学生学习英语的自觉性。从辩证的角度看，外因是变化的条件，内因是变化的依据，外因通过内因而起作用。

在教学中，教师是外因，学生是内因，学生是课堂教学活动的主体，是决定教学效果的关键。因此要充分调动学生学习的积极性，积极学习的创造性。变"要我学"为"我要学"，就能取得事半功倍的效果。

大学英语课堂教学活动要因材施教，改变单一的满堂灌的旧的教学方法，努力创造一个轻松愉悦的课堂环境，调动英语基础不同的学生学习英语的积极性，使他们主动思考，踊跃发言，积极参与课堂互动学习。

以前，大学英语教学中存在的一些问题，如教学观念落后，教学方法陈旧。学生作为学习的主体，一直处于被动学习的地位，以教师为中心，一讲到底，还要求学生要跟着教师思路走。要改变这种状况，教师要主动让贤，把课堂的主动权交给学生，教师要及时引导，把握大方向。要让学生有话可说，可以在课堂上先让学生提出预习中遇到的问题，如果不够全面，可以有意提问几个学习程度不同的学生。教师把问题归纳整理后，让大家思考这些问题的解决办法。

可以先让学生主动发言，说明他们的观点看法，再让程度较好的学生评论。教师要把握时机，鼓励大家踊跃发言，鼓励大家敢于正视自己的不足，敢于提出问题。鼓励学生之间互动，鼓励学生开动脑筋思考，鼓励英语学习基础较好的学生现身说学习方法，充当小老师；鼓励英语学习基础较差的学生开口讲话。特别是注意引导不同起点的学生在不同教学阶段的主体作用。但教师对问题的正确与否不要过早地下结论，要在大家各抒己见，畅所欲言，充分发表看法之后总结、点评。同时对大家学习的积极性、主动性、创造性给予充分肯定，增强学生学习英语的自信心，如可以对发言积极的学生给予表扬，而不要求他们的观点完全正确等。激发学生学习英语的积极性、自觉性，使他们课后自觉复习已学知识、预习新课，期待下一次在课堂上发言。

五、教师为学生学习英语的"鼓励者"

鼓励可以是"分数"的、物质的，也可以是语言的、精神的。采用"语言"的方式对学生的学习进行精神鼓励，机会很多。可以在学生做的思考题或作业上给予简短的鼓励话语,也可以在英语课堂上对学生的回答作不同程度的表扬。例如"完全正确""非常正确""基本正确""已经解决了问题的主要部分""有正确的成分""已经抓住了问题的要害""思路是正确的""已经贴上边了"等。这种鼓励的话语不必太多，但要恰如其分，且同一堂课上尽量不要重复同样的词句。教师对学生的努力做多角度的恰当鼓励，非常必要。教师要充分激发学生的学习动机，鼓励学生充满信心地去探索、学习。大学英语教师应为学生学习英语的"鼓励者"。

六、教师作为学生学习英语的"设计者"

英语教师作为"设计者"，在选取英语内容时可以适当地整合知识点，使之体现大学英语的"思想"，这些"思想"往往是即使知识点遗忘后仍然能够留存下来的精华。大学英语教师在自己的本职工作上要成为一种艺术家。一堂课应像一首娓娓动听的歌曲；一曲扣人心弦的乐章；一篇喜闻乐见的报道；一个悬念迭出的故事；一篇有倒叙、插叙或者直叙的层次分明、中心突出的记叙文……

大学英语教师应发挥"设计者"的作用，设计大学英语教学的程序，包括如何引出问题，推出思考的重点，制造悬念，引起学生的思考，让学生用什么方式探索问题，又如何得到结论。

在"怎样引起学生的思考"方面，教师不要把学习内容以定论的形式直接提出来，而是要把学习内容以问题的形式呈现出来，应该采用以下几种设计：或由一个相关的问题让学生进行联想；或一开始就设下悬念，步步深入；或在教师的推理中故意出错，让学生去诊断；在"让学生用什么方式探索"方面，可以让学生独立思考后举手回答；或让学生与同桌讨论后举手回答；或指定学生在黑板上解答后大家讨论；或留思考题让学生课下探讨。大学英语教师应为学生学习英语的"设计者"。

总之，大学英语教学必须摆脱平庸，走向有效，英语教师只有重新审视自己的定位，才能达到高等教育培养人才的目的。教师只有在平时的教学中注重英语教学方法的合理运用，才能使学生逐步掌握学习英语的方法，增强学生的创新意识，提高学生的创新能力，充分调动学生学习大学英语的积极性，以更好地提升人才培养的质量。

第二节　大学英语教学中的文化教学策略

文化就其经典定义，是"一种复架体，它包括知识、信仰、艺术、道德、法律、风俗及其从社会上习得的能力和习惯"。任何语言，作为对社会现实的反映，其语言不可避免地打着所依存的深刻的文化印迹，体现着使用该语言为母语的风土人情、文化习俗及历史的演变和发展，辉映着以文化思维、民族心理、人文历史、社会价值，所以不同国家所具有的独特的文化深深扎根在所使用的语言中，并影响制约着语言行为的发生。

在英语学习较高阶段，要通过扩大学生接触文化的范围，帮助学生开阔视野，使他们提高对中英文化异同的敏感性和鉴别能力，提高跨文化交际能力。因此，在大学英语教学中应当从语言和文化的角度考虑英语教学的课程设置和教学内容，把文化教学纳入语言教学当中，让学生掌握与语言相关的历史、风俗习惯、社会制度、价值观念、生活方式等文化背景知识，拓展学生的文化知识，提高学生的文化素养，培养学生的跨文化交际能力。

一、文化教学现状

随着市场经济的发展，就业市场竞争日趋激烈，工具型学习动机在大学生学习中占首要地位，大学教学存在着重理工轻人文，重成绩轻素质的倾向。许多大学从课程设置到教学内容以市场需求为主要导向，忽视了学生人文素质的培养和教育。

大学英语教学作为语言文化教学也仍然停留在语言知识认知层面，英语课堂以传授语言知识为主，教学的主要模式仍然是语言点讲解、对话操练，以及围绕语篇教学进行听、说、读、写、译等技能的训练，导致目前广泛存在英语学习者"文化失语症"现象。所谓文化失语症，指的是语言使用者在有关文化内容的思想表达能力、语篇理解的能力部分或全部缺失。

也就是说，在中英跨文化交际中，对于涉及文化差异的内容，语言使用者难以理解其正确含义，或者不能使用英语进行正确恰当的表达。人文素质教育是大学教育的一个重要组成部分，学校应当通过文化知识传授、文化熏陶及文化交流，使学生在掌握语言知识的同时，具有一定文化知识架构，并内化为相对稳定的内在修养。

因此，作为人文素质培养的重要科目，大学英语教学应当在教授语言知识、培养语言使用能力的同时，传授英语国家文化背景知识，开阔学生的视野，提高其文化素养，增强跨文化交际能力，以适应社会发展和国际交流的需要。因此，英语文化教学应当纳入语言教学的体系，大学英语教学应当以提高英语语言文化知识和培养学生跨文化交流的技能为目的进行深度改革。

二、文化教学策略

教学策略研究的一个重要目的就是提高教学效率，提高教学质量，实现教学的最优化。如何将文化教学策略运用于大学英语教学中，这无疑是大学英语教学工作者所要思考的重要课题。

（一）把文化教学纳入大学英语教学大纲

从 21 世纪初开始，我国大学英语教学改革的进程如火如荼，大学英语教学大纲也在不断修订。然而，就文化教学而言，虽然各级大纲在论述教学目的时都强调培养文化素养的重要性，而对文化教学应该达到的教学标准、教学内容、教学方法和教学测试与评价中鲜有论述。

在缺少大纲的约束和指导下，教师往往只在时间允许的情况下，根据自己的兴趣向学生介绍一些零星的文化背景知识，远非真正意义上的文化教学。可以说，缺乏大纲指导，我国的英语教学中的文化英语只能徘徊在英语教学中起着点缀作用。因此，建议有关部门应当对文化教学进行研究，开发、制定一个把文化真正纳入大学英语教学的大纲，详细阐述大学英语教学中文化教学的标准、内容，并提供一些教学方法和教学测试与评价手段，使大学英语中的文化教学有章可循、有理可依。

（二）编写融入文化教学的大学英语教材

作为教学活动中的一个重要因素，教材对英语教学起着重要作用。每一种教材都贯彻着一种相关的理念。跨文化英语教学目的下的教材，理应体现语言和文化教学的教学目标，保证教师和学生在教学大纲的指导下，完成语言文化知识的建构和跨文化交际能力的培养。而目前的大学英语教材，多以传授语言知识、提高语言技能为目的，词汇和语篇理解是学习的重点，体现文化内容的教材作为选修课使用，将文化内容与语言内容结合起来的大学英语教材极少。

因此，建议教材编写者应重新编写融入文化教学的大学英语教材，将文化主题与语言能力训练有机结合。在编写教材之时，多选择一些文化题材的语篇，甚至可以借鉴母语语言教学中的一些语篇选择方法，增加一些蕴含丰富文化内容的文学作品节选。配套的课后练习中，除了语篇中的词汇、语法、阅读理解训练，也要适当编排一些文化知识训练和跨文化交流活动练习，让教学活动既能训练语言英语能力，又能兼顾文化素养的培养。

（三）刺激学生的文化学习动机

英语学习的动机主要分为两类：

一是工具型动机（instrumental motivation），学习是为了取得文凭，就业需要，获取信息，以及以英语为媒介参加各种娱乐活动；

二是综合动机（integrative motivation），即学习英语是为了与外国人进行交际，学习外国文化和技术，促进文化交流。

这两种英语学习动机对英语学习都有很大作用，但影响不同。

工具型动机作用下的英语学习，将语言视为工具，不太重视对文化的了解，而综合型动机促使学生在学习语言的同时，学习相关文化，增强文化交际能力。因此，大学英语教学教师应当在刺激学生工具型动机的同时，加强对学生英语学习综合动机的刺激，引导学生认识英语文化学习的重要性，培养学生对外国文化的兴趣和意识，增强学习和了解外国文化的动力。

（四）帮助学生进行英语文化知识的建构

文化学习和其他学习活动一样，是一个认知发展的过程。有学者将文化学习的认知过程分为信息的获取、分析、综合、理解和洞察五个阶段。在这个过程中，学生的行为经历意识、关注、反应、实践和互动。

因此，在教学过程中，教师课堂教学活动的安排，一方面要帮助学生获取文化信息，进行相关文化知识建构，另一方面要通过让学生参与、体验和实践，将知识转化为能力，对语言和文化知识进行反思和应用，培养其跨文化交际能力。与第一语言文化学习不同，第二语言和第二文化学习的过程更为复杂，它是一个认知再创造的过程，既包括认知图式的增加，又包括认知图式的调整和修改。

在谈到英语课堂教学中的文化教学时，有学者提出，有一个重要问题必须考虑，即两套文化（母语文化和目的语文化）认知图式的问题（the two sets of cultural schemata）。一个人的母语文化认知图式已经自然而然地形成，只有目的语文化的认知图式必须有意识地对待，因为这是一种特定的思维模式而建立起来的目的语文化认知图式。

因此，在英语语言文化教学过程中，教师还要帮助学生进行中英两种语言文化的对比，了解文化差异，让学生增强文化意识，让学生在跨文化交流时，做好相应的转换，有效避免跨文化交流中的文化休克和文化失语现象。

（五）测试与评价中增加文化教学内容

测试与评价是教学的有机组成部分，虽然不是教学的目的，但可以对教学活动起促进作用，有效的测试和评价也是对学生学习过程的监督。

随着大学英语教学的改革，语言的听说能力的测试逐步被纳入考试内容中，但纵观我国大学英语的各种测试和评价，从单元测验等形成性评价，到期末考试、四六级英语水平测试等终结性评价，很少把考查文化知识和能力的测试纳入考试体系和内容当中。

因此，为了能够增进学生对英语语言文化习得的重视性和有效性，各种形式的测试和评价的内容也应当相应做出调整，增加文化知识和能力的测评内容，比如设置考查词语文化内涵的选择题、跨文化交流的情景对话选择题，测试文化知识的填空题和阅读理解题等。

（六）把英语文化学习的空间延伸到第二课堂

大学英语教学的课时有限，仅靠课堂教学，教师很难把庞大而复杂的英语文化全部传授给学生。作为课堂教学的有效补充，第二课堂对大学生的英语学习起着很大的促进作用。

因此，英语教师可以把文化教学的空间延伸到课外，指导学生开展促进文化知识习得的各种课外活动。比如推荐英语文学作品、英美报刊等，供学生在课外阅读中增加英语语言文化知识。也可以举办英语文化知识讲座或英美电影欣赏等，让学生了解英语国家的社会、政治、经济、历史、习俗等从各个层面的文化知识。

随着人们对语言和文化的进一步认识，文化习得在英语习得中的重要性已经成为共识。培养学生语言文化素养和提高学生跨文化交际能力是一项艰巨的任务，也是一项巨大的工程，需要英语教学的各个相关部门通力合作，也需要英语教师们选取恰当的教学策略，在教学的各个环节中予以有效执行。文化教学，是英语语言教学工作者继续探讨和完善的课题，也将成为培养大学生文化素养的必要手段。

第三节　语言教学与文化教学相结合的大学英语教学策略

大学英语是我国各大高校的公共必修课程，能够有效提高语言文化修养，以及学生跨国际文化交流能力。但是在整个教学过程中，仍然存在一定问题，导致我国大学英语教学出现高耗低效的现象。

从总体上分析，我国大学英语教学现状呈现喜忧参半的特点，其中可喜的是我国英语学习者数量增多，各大高校对英语教学重视提高，使学生在英语学习上加大了时间和精力，并在各种考试中取得很好的成绩。但是让人比较担忧的是，学生英语考试成绩提高，但是其英语运用能力没有得到改善，让学生对英语失去兴趣，认为时间花费的多少不会影响成绩。这一现象，对于英语教学工作者来说，是一个巨大的难题，值得深刻反思。

语言同文化具有密不可分的关系，只有深入了解英语文化，才能进一步理解和运用英语。尤其是中国大学生在英语学习过程中，将语言与文化紧密结合更为重要，利于对英语国家文化背景作更深入的了解。长期以来，大学英语教学中忽视了社会文化的重要性，仅仅将英语作为语言工具，为了应对各种各样的考试。但是在实际的英语运用过程中，由于缺少对语言文化的认识，经常出现错误的、不符合语言规则的交流，严重影响我国大学生的英语实用能力。由此可见，在大学英语教学中应该将语言教学和文化教学结合起来，共同完成的英语教学过程。

一、当代大学英语教学在文化拓展上存在的问题

在大学英语教学中，对英语国家的文化教学主要存在以下问题。

（1）缺乏自主性

很多教师在教学过程中均采用传统的课堂授课方式，主要解释词汇、语法、课文语句翻译，涉及深层文化问题，也只是照搬教材上的文化背景介绍，不能很好地将课文内容与英语国家文化背景有机地结合起来。

（2）缺乏系统性

语言本身就是一个系统，因此跨文化意识的培养也应系统化。而目前大多数英语教学要么没有传授文化的意识，要么只是对文化进行零散的介绍，甚至与实际教学内容脱节，教学效果很不理想。

二、大学英语教学与文化教学相结合的方法

在大学英语教学中，结合英语国家文化的方法有很多，适当导入与学生的校园生活密切相关的英语国家的文化背景知识不仅能激发学生学习英语的兴趣，还有利于培

养学生对跨文化交际的理解，并且可以从侧面加深对本国文化的理解与认识，从而提高对文化差异的敏感性。具体建议方法如下。

1. 采用文化对比方式教学

在大学英语教学中，教师可以通过教学内容所涉及的中西文化背景的差异来进行文化导入。例如通过不同国家对家族关系的理解、礼尚往来、宴请、招待等不同方式让学生了解英语国家人的思维方式、风俗习惯、主流思想等。因此，英语教学中的文化导入就是为了使学生能在日后的交流学习中减少文化差异带来的误解和困惑。

当然，英语教师在导入文化讲解时应先明确教学的目的性，所选内容应贴近学生的日常生活，并在一定程度上可以满足学生日后的工作需要，由此才可以提高学生自主学习的兴趣。

2. 多采用课堂交际讨论法进行教学

教师在可以在课前就教学内容涉及的英美文化部分以作业形式布置给学生，让学生课后查阅、总结，在授课中引导学生就这些内容进行分组讨论，学生可以就某个问题不受限制地自由交谈。通过这样的方式不仅可以让学生有机会分享、讨论自己对于不同文化的理解及观点，促进学生间的彼此交流、思考，还给学生提供了一个很好的口语自由表达机会，可以帮助学生牢固掌握一些词汇和语言表达方法，可以在学习语言的同时生动地感受其背后的文化，从而大大提高课堂教学效率。

3. 提高英语教师自身素质

在英语教学中，语言知识是由教师和学生共同配合完成的。教师在教学中要尽量突破传统的主要以教师讲授和学生的机械记忆为主的教学方法，尽量将主动权交到学生手中，以引导学生自主学习为主，采用有效的方法引导学生主动搜集与教学相关的中西方文化材料。与此同时，对教师自身的要求也有所提高，英语教师要有培养跨文化交际能力的意识，平时通过大量阅读拓展自己的知识面，加深对文化的理解，能做到将语言作为一种活的文化对象来讲授。

第四节　反思性教学与大学英语教学的发展

近年来大学英语教师在不断探索大学英语教学的改革方案，寻求更加行之有效的理论指导英语教学，改变传统的教学模式，提高课堂教学效果，形成以学生为主体，教师为指导的教学模式。在这种新型教学模式下，教师的教育研究方向从纯粹的教育方法的探索逐步转向研究教师专业化发展的探讨上来。在这一转变过程中，反思能力是教师必备的重要素质之一，也是教师专业化发展的基本方向。

因此，反思性教学作为英语教学重要途径，帮助教师提升教学实践能力的反思性教学的探究方式也就应运而生。同时随着教师专业发展运动的不断推进，对英语教师的教育除了强调教学技能的培训和理论素养的提高外，更强调教师自我发展的反思意识，因此反思性教学作为一种全新的英语教师自身发展的有效途径的探索，受到越来越多的关注。

一、反思性教学的含义

反思性教学是近年来教学界备受重视的一种促进教师专业发展的教师培养理论，杜威首次将反思性思维用到教育和教师教育中。那么何为反思，何为反思性教学？要理解这个问题，我们先要知道反思什么，对什么反思？在这个理论中指的是对教学经验的反思，它是指教师凭借其多年在教学实践中积累的实际教学经验，借助逻辑推理能力，经过细致的推敲做出合理的判断。在实践中发现问题，通过进一步的观察与思考，找到问题解决的根源与方法，寻求有效的策略，以及支持反思的态度进行的批判性分析，以期达到自我改进、自我完善的目的。

反思既是一个思考过程，也是一个将思考付诸行动的实践过程。在反思性教学中教师既行动又在行动中思考，在这个过程中教师不仅积累了大量知识，而且不断地创造了新知识。反思被认为是取得实际教学效果并使教师的教学参与更为主动、专业发展更为积极的一种手段。反思强调的就是既在思考中行动，又在行动中思考，二者相辅相成，缺一不可。反思性教学是在对教学的道德责任以及技术性教学的实际效果分析基础上逐步得到发展的。

二、在大学英语教学中实施反思性教学

1. 对教学实践进行反思

传统的英语教学在很大程度上是一种个人的、经验性的、无意识的活动，语言教学仅停留在知识传授和学习上，它将教师专业能力的发展寄托在自身经验的积累和对优秀教师的模仿上。把反思性教学与大学英语教学情景相结合，倡导教师从教学实践中的问题出发，自觉地展开行动研究，对教学活动中出现的问题进行批判性思考。

反思性教学不是具体的教学方法，而是教师立足于自我之外批判的考察自己行动的方式，不以某个概念化的静态教学法去规范细致的、动态化的教学实践。反思性教学更加符合教师专业化的生活背景，注重从根本上解决在教学实践过程中遇到的各种实际问题，教师自身的学习与发展过程就是使其生活更加专业化的过程。

为了使教学过程更加优化，达到更好的教学效果，教师要在反思性教学活动过程中根据发现的问题不断地进行改革，提出切实可行的教学方案并有效地组织教学。从自己的教学实际出发，以已有的教学经验为基础，所学的教学理论为指导，对教学实践中的问题进行反复观察，促使大学英语教学与反思性教学接轨，获得适合大学英语教学的反思性教学的具体方法，从而提高大学英语教学的效果。

2. 对教学主体进行反思

传统的英语教学课堂以教师讲授，学生被动地接受为主的教学模式，那么所谓的教学主体是教师，在某种程度上学生只是这种模式下的被动者，因此无法发挥其积极主动性去接受知识，严重阻碍了学生的学习兴趣和学习动力。教师在教学过程中得不到良好的教学效果，久而久之也会失去积极主动性，以此恶性循环教学质量可想而知。在反思性教学中，教师要对教学主体重新思考，确立一种新型的、更加和谐的师生关系。

反思性教学是教师与学生共同提高和发展的教学，其目的在于把学生掌握"学会

学习"与要求教师"学会教学"结合在一起。教师的发展是在学生获得的发展过程中实现的,并且教师的发展也为学生的发展提供了可能性,教师的发展离不开学生的发展,反之亦然。两者是密不可分、相辅相成、互相促进的关系。

"填鸭式"的教学方法是英语教师在传统的英语课堂上普遍采用的一种教学模式。在这种教学模式下学生处于被动地位,而教师是整个教学过程的权威,处于主体地位。随着现代科技的发展,多媒体技术在英语课堂的广泛应用,新的教学模式应运而生,不再单一的以教师讲授为主,而是强调学生的主体地位,注重培养学生的语言综合使用能力和自主学习能力。

在反思性教学中英语教师对教学主体进行反思,重新审视教师在教学中所起的作用,教师不仅要传授知识,更应当组织和引导学生自主学习,对学生的学习起到监督和促进的作用,将自主学习的理念潜移默化地植入学生大脑,转变学生的被动接受的观念,培养学生形成良好的学习习惯,掌握有效的学习策略,发现适合自身的学习方法,达到"学会学习"的目的。

3. 培养教师的反思意识

将反思性教学引入大学英语课堂为教师自我发展提供一个有效的途径:既保证学生综合能力的培养,又要确保教师自身获得发展,这也是教师反思的一种内在动力。教师在反思性教学中通过思考进而行动,进而再思考,然后再行动,这样一个循环反复的过程来发掘自我发展内在动力的方法,提高改善教学方法和策略的自我意识。

在反思性教学中,通过教师的自我反思,使英语教学不再限定于单一语言教学层面,而是更多地注重教学理论和教学目的等更深层次的问题,挖掘经验中蕴含的原理,进而升华为教学理论。

教师所采取的反思行为是以思考教学中的实际问题开始的,这些问题都是日常教学中比较棘手又是教师自身比较感兴趣的问题,进而教师会对这些问题进行分类研究,找到根源所在,明确了症结所在,就会采取一系列措施进行改革或者是采纳其他教师比较有成效的教学方法,改进教学方案并组织教学,形成具有自己特色的教学模式,使问题从根本上得到解决。针对解决的问题进行反思，避免在今后的教学过程中再次出现类似的问题。旧的问题得以解决，新的问题又不断产生，在不断解决问题的过程中，教师的反思能力得到培养，实现了自我发展。

由此，在这个不断发现问题，不断解决问题的教学过程中教师得以不断地反思，不断地研究，不断地判断，不断地进步。通过反思，改变教师被动地接受教育理论，被动地适应专家指导的现状，鼓励教师通过积极参加教学研究活动，发现问题、钻研问题、解决问题，从而提高自我素养，实现角色转变，由知识传授者的角色定位提升到具有一定专业性质的学术级别上来，从而成为研究型教师。

反思性教学是英语教师自我发展与专业化发展的有效途径，根据我国当前大学英语教学的实际水平，我们可以将反思性教学应用于英语教学，它对于大学英语教师自身业务水平的提高有着良好效果。

反思能力的培养对于今后英语教师的发展是必不可少的，反思能力成为日后评价英语教师业务水平的重要指标之一，因此它也是当前英语教师亟待提高又必须具备的素质。教师在自我发展的过程中不断经历着变革，不具备反思能力的教师很难实现变革，达不到自我发展的目的。因此，反思性教学在英语教学中的应用，毫无疑问会促进教师素质的提高，有利于教师自我发展，使大学英语教学达到一个新的高度，取得良好的效果。

第七章　大学英语教学——情景教学法

第一节　关于现代大学英语教学中情境教学的分析

一、情境教学的基本理念

1. 情境教学的活动具有自主性

针对这个方面，在实际教学中，笔者最强烈的感悟是必须发挥与解决好自主性问题：其一，稳固的师生交流；其二，在具体施教过程中必须以学生为关键。古语有云"尊其师，奉其教"。自由、尊重、信任的师生关系是顺利实施教育工作活动、增强教育成效的基础，对师生彼此综合素质也有着非常关键的价值。进行情境教学能够供给学生一个独立发展的自由空间。因为学生的关键性产生的自主性，促进教师培养学生自主学习、敢于突破自己、完善自己，感受到"学习主导者"这种内在底蕴，并积极去奋斗，使其成为现实。

2. 情境教学活动具有创造性

创造性学习方式的灵感通常出现在学习动机的努力实践中。我们宣扬情境教学的作用，体现在打造出一个自由化的师生信任、尊重、自由交流的环境，来帮助师生之间的沟通学习，在教学过程中培养其创造性。特别是在教学过程中碰到不确定的问题时，教师不要轻易下结论，而应鼓励同学之间在合作中竞争，在竞争中合作，互相启发，取长补短，这样既让学生充分体会到探索求知的乐趣，又使他们养成良好的学习习惯。著名的发明家爱迪生认为："想象力的作用大于知识，知识是有限存在，而想象力可以无限大。"这体现了创新观念的重要性,在情境教学具体实践中,必须全面打造且培养这样的创造性学习习惯。

3. 情境教学活动具有体验性

由于人的认知行为都存在一定的体验性,所以在实际教学过程中,作为施教引导者的老师必须在自由活跃的氛围或情景里,带动学生形成不同的求知观念,发散自己的思路与创造力,获取知识,努力实践。让整个学习求知的经过变成一个关键步骤,和结果同样关键,目的就是让学生把思考和发现体验当作一种快乐,在过程中体验思考的乐趣,在结果中体验成功的滋味。

二、通过情境教学,引导学生参与教学

大学英语课是一种语言教学,而语言教学的最终目的是培养学生以书面或口头的形式进行交际的能力。课堂互动本身作为一种语言交际活动,是学生语言实践的极好机会。如果学生能参与课堂互动活动,就能直接获得学习和掌握语言的机会,同时还能参与管理自己的学习,这会使其学习态度变得更积极、负责。

教师就好比游泳教练一样,他不是一个游泳者,而应该是一个引导者、指挥者。作为引导者、指挥者,教师要设计各种互动活动,活跃气氛,缩小师生间距离,努力创设民主、和谐的教学情境,鼓励学生思维活跃、热情饱满地参与课堂教学。在教学实践中,教师应尽可能为学生创造交际情境,引导学生进行各种精心设计的语言交际活动。

笔者认为,大学新生进校的第一节课就可以成为培养学生"参与交流实践"这一良好习惯的开端。例如,教师在自我介绍时,就可以利用这个机会启发学生动脑动口。教师只在黑板上写下自己的名字,鼓励和要求每个学生对教师提出一个问题。提问结束后,再请学生概括成"The Introduction of Our English Teacher"。新学期伊始就营造出这种良好、轻松的语言环境,对提高学生的主体意识、建立师生平等合作的关系、消除心理顾虑、激发学习乐趣起着不可忽视的作用。

三、运用问题创设情境，激发学生思维的火花

学问，无论是教还是学，关键都在"问"上。巴尔扎克说过："打开一切科学的钥匙毫无疑问的是问号。"自然，教学离不开提问，提问是课堂教学中师生互动的最常用、最主要的方式。课堂提问不仅对所学知识进行巩固，还对新授知识的理解、掌握及运用起着重要作用，同时也能以点带面，事半功倍，对开发学生智力，培养思维能力，沟通师生间情感，增强课堂教学效果及提高教学总体质量将起到特别积极的作用。

教学实践表明：教师提问效果的好坏，往往成为一堂课成败的关键。因此，教师要在深入研究教材内容、学生心理特点和能力水平的基础上创设问题情境，以便充分调动学生学习的积极性，引发学生积极的思维活动。在英语课堂上，教师设计的问题旨在刺激学生对学习内容产生浓厚兴趣。所以，教师所选的问题要具有典范性，设计要有巧妙性，力争具有趣味性。

建议教师在课堂上多提"开放性"问题，即重思考、重理解，要求学生做出评价、判断、解释或论述，接受多种答案的问题；并且少提"封闭性"问题，即重记忆、不重思考，只提供知识型信息，只有一个正确答案的问题；还应尽量提一些难度不大，与学生生活贴近，融入文化背景知识、人文教育的问题；提问时带有启发性，不急于说出答案，要留给全体同学积极思考和准备回答的机会，要善于运用问题，引导学生参与各个教学环节，让他们自己去发现、核查答案。

学生在讨论中，一步一步地进入了教师巧设的问题情境，积极思考，互相合作，参与教学活动。这样，师生间进行良性、和谐的呼应和互动，在不断解决问题的过程中，学生的主体作用得到了充分发挥，自主学习和探究能力得到了发展。

总之，在课堂教学中，有效开展情境教学，有利于激发学生参与的兴趣，引导学生更好地理解和掌握知识，启发学生的思维，培养学生的情感，发展学生的创造性思维和创新能力，从而吸引学生主动学习，取得最佳的教学效果。

第二节 情境教学中"支架"的提供

"支架"最近是一个比较流行的概念,很多教育研究者开始谈论这个词,可是其中并不是所有的人都对支架有一个准确的领会和把握,不少人还停留在肤浅的表面或片面的层面上,这会造成对支架认识的误解,使其内涵出现泛化或缩小。有的人看什么都像支架,又有的人看什么都不像支架,其实,这都是不对的。

"支架"是指在学习者需要的时候为其提供恰当的支持。这些支持帮助他们快速有效进入最近发展区,获得潜在的发展水平,随着他们能力的提高,逐渐撤除这些支持。支架在实际应用中其实是很灵活多变的,其形式不拘小节、五花八门。我们可以随着任务和目的的不同而采取不同形式的支架。应该这样说,只要满足学生需要,能帮助学生跨越最近发展区的就都是合适的、好的支架。目前支架的类型并没有统一的划分,对此不同的学者持有不同的意见。笔者根据自己的研究及应用实践经验,在将支架式教学应用于英语教学的过程中,把支架分为两大类:一类称之为一般性支架,即适用于各个学科的支架;另一类称为特殊性支架,即相对更适用于英语学科的支架。

一、一般性支架

1. 范例支架:范例支架是指教师针对教学过程中最重要或最典型的主体对学生进行范例演示,使学生能直观地达到学习目标,可以有效避免冗长或含糊的解释过程。

2. 问题支架:有经验的教师会在学生的学习过程中根据不同情境和阶段提出不同的水平阶段的问题,让学生可以根据问题来思考和研究,从而帮助学生攀着支架进入下一阶段。与此类似的还有建议支架,只不过将疑问句调整为陈述句。

3. 解释支架:当教师提出一些问题或给出一些任务时,为学生提供一些问题定义的解释。学生在学习过程中出现一些理解上的困难或者错误时,教师也可以适时地给予一些问题的解释,帮助学生理解,从而进入下一个阶段的学习。

4. 策略支架：教师通过呈现给学生多种方案、事件和观点，给学生以自主参与计划的制订和决策的空间，让学生通过对不同方案、策略的比较分析，加深对任务的理解和认识，从而通过协作交流，独立自主地制定解决问题的方案，完成学习任务。

5. 背景支架：背景支架指的是与教学主题相关的背景知识、典故、环境等，学生在接触一些自己完全陌生的任务或主题时，会茫然、不知所措，教师若能适时地提供一些与学生原有的知识建构有一定联系的背景支架，使学生攀着这些支架所搭建的桥梁，可以帮助他们比较轻松地理解新的学习内容，从而达到有意义的建构。

6. 工具支架：对于一些比较难以理解和抽象的概念和知识，教师可以提供一些能够变抽象为直观的工具支架，用学生较为喜闻乐见、较为直观地方式帮助学生理解。在支架式教学的过程中，学生还有进行交流的需要，因此教师也需要提供一些可以帮助学生表达思想的交流工具。这种支架可以是多媒体课件、图形处理工具、Flash 动画，还可以是知识库、挂图、会话、展示平台、共享平台、等软件及一些硬件工具。

7. 定位支架：学生有时并不是很清楚自己的学习目标，在学习过程中就会显得迷茫和无助，教师应该在一开始就向学生清楚阐明学生应当达到的目标及任务，这样学生就可以很明确地了解自己的潜在发展区。同时教师可以帮助学生进行自我现有水平的定位，从而使他们了解自己与目标的距离。通过这样清晰地定位支架，学生不断进步，不断重新定位，最后达到目标。

8. 信息支架：现在是一个信息爆炸的时代，教师可以设置信息支架，提供一些可以获取信息资源的方式，如提供一些网站或参考书籍等，帮助学生可以在较短时间内完成收集信息的环节，并对信息的筛选方式进行一定的指导，帮助学生培养信息的分类和分析能力。

9. 评价支架：评价可能是出自教师对学生，也可能出自学生对学生甚至学生对本人自我的评价。能成为支架的评价都是形成性评价，可能表现为情感上的鼓励、赞许、认同或异议，这都有助于激发学生的学习积极性、学习兴趣或学习斗志；也可能表现为指出认知上的不足之处或错误之处，提出有益的建议，这又有助于学生及时纠正自己的偏差，减少失败的概率，提高学习的效率。

此外，还有对话支架、向导支架、图表支架、时间支架、产品支架等多种形式，在此不一一赘述。

二、特殊性支架

1. 文化支架：学习语言就是学习文化，因此文化支架在语言学习的课程中尤为需要。只有让学习者对所学语言的文化有一个深入的理解和认识，对不同文化的差异和由此导致的语言差异有一定的分析和理解能力，这样的语言教学才是成功和长远的。适时的文化支架可以帮助学生更好地理解语言的含义，也可以更好地在实践中使用该语言，避免由于文化的不同而出现语言误用。文化支架可以培养学生的反省能力和思考能力，使学生具备更强的语言运用能力和文化包容度，提高学生的整体素质。

2. 情境支架：支架式教学本身就是一种情境性教学，强调在情境中设立支架。英语课由于其对语言实践的要求，情境支架的使用更为重要，学生在一种相对逼真的情境下积极主动地参与语言学习活动，可以更好地理解和运用语言，使教学效果达到最大化。

3. 语法支架：在英语学习中，语法就相当于语言的一个框架，一个架子搭好了，往里面填东西就显得容易了。学生在句子结构方面会比较欠缺，因此无法把自己的意思比较准确地表达出来。教师可以及时给予一些公式性的语法支架，把一些句型的搭配形式呈现给学生，使学生可以更快地完成句子的组合，同时避免由于两种语言的差异而可能导致中国式英语的句子的出现。

4. 文体支架：不同的文体有不同的特点，学生在语言的学习中会发现对于某些文体的把握有困难，这时，教师可以对文体的特点和一些常见的用语进行总结和梳理，这一工作也可以由教师提出，请学生自主协作探究分析得出，通过对文体特点的总结和差异的分析，学生在文体支架的帮助下就可以更好地理解和运用不同的文体，在不同场合使用得体的语言。

以上是笔者根据支架式教学在大学英语课堂的实际应用时所使用的支架以及平时研究学习所得总结出的适合英语课堂使用的支架形式。其中的一般性支架和特殊性支架都可以使用于英语课堂，特殊性支架只是在性质上更具英语教学特色，但并不是说不能使用于其他学科。支架形式其实可以多种多样，这里的总结应该还无法涵盖全部。只要有助于协助学生跨越最近发展区达到潜在发展区，就都可以称为好的支架。

第三节　基于建构主义视角的多媒体在英语情境教学中的应用

迅速发展起来的现代教育技术，尤其是多媒体技术为英语教学提供了新的学习平台，多媒体辅助英语教学必将成为英语教学发展的必然趋势。多媒体技术的运用将图文、声音甚至活动影像汇集起来，使学生的阅读对象除了以文字和图片展示之外，还可以用动画、视频资料等方式把一些抽象而复杂的问题直观地反映出来，如同身临其境，其形象的表达工具有效激发了学生的学习兴趣，充分调动学生的主体性，提高了学习效率。由此，多媒体辅助英语情境教学越来越引起了人们的关注。

一、基于多媒体技术的英语情境教学的内涵

英语单词 multimedia（多媒体），源于 multiple（复合、多样）和 media（媒体）的组合，即其本身的含义即是将多种媒体进行有机组合形成的一种新的媒体应用系统。通常我们所说的多媒体教学是把微机与其他教学媒体相互连接，在使用过程中同时运用幻灯、投影、录像等方式，使多种媒体有机贯穿教学的全过程。并且随着技术的发展，人们利用计算机交互式地综合处理文本、图画、图像、声音、形象等多种信息，建立彼此连接的系统，使之具有综合性，形成兼容的操作环境，形成一种身临其境的情境。

情境教学法起源于1920年前后，始于学者帕尔默等人在英语教学法的科学化、系统化方面的大量研究，在此基础上形成的更加丰富完善的教学体系。所谓情境教学，是学生置于真实语境中学习真实语言，情境法也就是视听法，通过看有动感的画面或

情境，使学生犹如身临其境，感受颇深。

多媒体教学正好满足了情境教学的各项条件，它改变了传统电化教育的单向传递情况，采用图形操作界面，具有人机交互性。多媒体计算机辅助英语教学，也就是在英语教学中把影像、图形、音画及文字等多种媒体信息动态地引入教学过程，按照教学要求进行有机的组合，形成合理的教学结构并呈现在屏幕上，完成一系列人机交互操作，使学生在最佳的学习环境中进行学习。这样的学习环境有利于因材施教，有利于学生能力培养和智力开发，培养学生的创新精神。

多媒体教学技术可以模拟大量现实、生动的场景，理论联系实际，使学生在虚拟的学习场景中获得与现实世界较为接近的学习体验。多媒体辅助英语教学可以使教学活动集文字、声音、图像、动画等功能于一体，有利于营造良好的语言学习情境，还能最大限度地调动和激发学生的学习积极性和主动性，提高教学效率。

二、建构主义理论是多媒体技术下英语情境教学的理论基础

建构主义源于瑞士心理学家皮亚杰关于认知规律的研究，他得出的结论是：认知过程与周围环境相互作用过程中，逐步建构起关于外部世界的知识，进而发展自身的认知结构。随着教育学、心理学理论的深入研究，以及教育实践的不断深化，建构主义理论在多媒体情境教学中得到了广泛的应用。

传统学习理论强调知识的传授，把学生当作知识灌输对象，而建构主义理论不同于传统教学模式，要求建立符合信息社会要求的新的教学思想和教学模式。建构主义理论强调教师与学习者之间的协作与交流，只有教师对教学过程、教学内容实施良好的组织，以及对学习活动进行精心的指导，学习者的学习才能不再盲目。

从1990年以来，随着建构主义学习理论研究的深入以及多媒体计算机技术和网络通信技术的飞速发展，建构主义学习理论日益受到教育界相关学者专家的普遍重视。建构主义学习理论已经成为当今英语教学改革和革新传统教学手段的主要理论基础。

建构主义学习理论强调以学生为中心，而不是以教师为中心，即知识不是通过教

师传授得到,而是学习者在特定的情境即社会文化背景下,在教师帮助下,利用必要的学习资料,通过建构意义的方式而获得的。

建构主义理论指导下的教学更注重学习者的自主能力和主动获取知识的能力的培养和发挥。教师不是知识的直接传授者、指示者、专家和权威,而是学习者有效学习过程中不可缺少的引导者、帮助者、协作者等。也就是说,学习者的自主学习是以教师自始至终的细心组织、引导和指导为前提的。学习者是自己的知识建构者,他们的知识建构活动直接决定着教学效果,因此他们是学习的主人,教师的核心作用不在于给学生传递知识,而在于如何引发和促进学生的知识建构活动。

三、基于建构理论有效实施多媒体英语情境教学的建议

基于上述理论,笔者现提出若干建议,希望有效结合运用于英语教学中,以期产生良好的教学及学习效果。

(一)提高教师多媒体技术应用的能力

英特尔公司CEO克瑞格·贝瑞特曾经提出,如果教师不了解如何更加有效地运用技术,所有与教育有关的技术都将没有任何实际意义。因此,作为英语教师,不仅要努力提高传授英语知识的技能,还应主动学习多媒体辅助教学的相关理论和方法,尽快熟练掌握有关教学设备的使用方法,熟练而灵活地利用多媒体课件巧妙地展示活动任务。

课件是否能结合学生实际、满足英语教学需要和是否能发挥硬件功能,是多媒体辅助英语教学取得良好教学效果的关键因素之一。因此,教师需通过培训等方式提高其应用多媒体技术的能力。在学习多媒体课件制作理论、熟练掌握一种多媒体课件制作工具和有关素材制作工具的基础上,鼓励教师间的技术交流,建立和丰富多媒体课件资源库,减少制作成本,提高使用效率。

(二)构建以学生为主角的课堂学习及反馈模式

结合上述建构理论,课堂的主角是学生,要以学生为主体。在教育过程中,以学

生为中心，充分发挥学生的主体性，将自己的认知结构不断从一种平衡发展为新的、更高层次的平衡状态。在教学过程中，学生如果能积极参与课堂，将使学习效果事半功倍。

多媒体具有直观的、图文并茂的感官刺激，学生在这种愉快而轻松的学习氛围中更容易积极参与到教学活动之中，激起内在学习的欲望，有效吸引学生们的注意力，令他们更愿意自主学习。反馈是学生接受教学信息、学习教学内容后的各种反应。教师不仅要注意授课过程中学生主动接受的情况，还要注重学生的信息反馈，并要根据反馈的信息来调整教学方法等。根据学生的学习反馈，得到课堂学习后的第一手直接资料，并因材施教，再应用到教学中，形成课前、课中及课后系统化的教学模式。

（三）建构情境创设，提高学习效率

情境创设是和协作、会话、意义建构一起成为学习环境的四大要素，在新的教学模式指导下的设计，其目的在于激发学生的学习兴趣，提高他们的认知、感受、想象、创造的能力。

心理学研究表明，人们对世界的感知认识总是首先注意那些最新的信息，因为它们具有刺激性和吸引力。爱因斯坦认为成功的教育在于激发学生"对于对象诚挚的兴趣和追求真理与理解的愿望"，兴趣是学生学习与研究的直接动力。同样，学生对多媒体的兴趣也在于它能否提供新的信息。

在英语教学中，多媒体课件的情境创设要善于创新，富有变化，既要让情境与学生的生活经验有一定的联系，又要有新的信息的刺激，在学生想不到的地方出现新的情境，对情境的内容、媒体的运用、组合的方式都应该富有新意，让学生感到进入一种情境就获得一种新的体验，得到一种新的发现，并在愉快的氛围中提高学习效率。

第四节　情境教学中的评价

教学评价是大学英语教学的一个重要组成部分。全面、客观、科学、准确的评价体系对于实现课程目标是十分重要的，它不仅可以为教师提供有益的反馈信息，帮助教师了解教学效果，改进教学方法，提高教学质量，还可以帮助学生了解自身的学习状况，调整学习策略。

提高学习效率。教学评价不仅包括以标准化考试为代表的终结性评价，还包括以学习为目的、注重学习过程的形成性评价。目前大学英语教学中普遍使用的评价方式有水平测试。成就测试如期中考试、期末考试。这些测试本质上属于终结性评价。终结性评价是检验教学成果的一个重要手段，却不能对教学过程做出评价。

美国教育学家布卢姆（Bloom B.S.）认为"形成性评价是在教学过程中为了获得有关教学的反馈信息，改进教学，使学生知识达到掌握程度所进行的系统性评价。即为了促进学生尚未掌握的内容进行评价"。也就是说，形成性评价可以弥补终结性评价的不足，通过形成性评价方式，教师可以及时获取反馈信息，调整教学方法，促进学生高效学习。

一、大学英语教学评价体系存在的问题

目前我国大学英语评价体系普遍存在以下问题。

（一）评价概念过于狭小

教学评价一直被大部分教师简单地理解为教学测试，在教学实践中，教师往往根据其中测试或期末测试的分数给学生进行一个简单的评价。

（二）评价主体过于单一

目前的大学英语教学中,实施评价的主要是任课教师或相关的教学行政管理部门。

作为评价对象的学生则很少参与到其中，这种评价方式在很大程度上忽视了学生在学习中的主体性、能动性和创造性。

（三）评价内容重知识轻能力

对于传统的重知识、轻能力的现象，现行的大学英语评价体系并没有得到多少改观，仍然是注重学生对知识的理解和掌握，忽视了对学生学习的过程、方法和学生的情感态度的评价，评价看重的是结果，不注重过程，忽略了对学生的学习能力、创新精神、学习态度等方面的评价。

（四）评价功能缺乏激励

虽然目前许多教师承认评价是教学的一部分，却将评价看作是检验学生学习结果和教师教学水平的手段，只注重评价的检验和验证功能，这使评价分割在教与学之外。在这样的教学过程中，教学评价的主要目的和功能通过评价把学生分成三、六、九等，难以发挥教育评价的改进与激励功能。

（五）评价结果缺少反馈

目前的课程评价绝大部分是关于测试的，教师关注的是测试的实施、试题的设计。对于测试的结果只是进行简单的统计与分析，写出分析报告，很少能给予学生及时的反馈。

（六）评价方式过于单一

目前大学英语教学的主要评价方式是包括期中测试、期末测试和以四、六级考试为代表的水平测试。传统的教师在实践中仍然过多依赖终结性评价，不注重形成性评价，不重视对学生的学习过程进行评价。

二、在大学英语教学中采用形成性评价的必要性

鉴于上述现行教学评价体系中存在的问题，在大学英语教学中采用形成性评价是十分必要的。

（一）形成性评价的优越性

形成性评价贯穿在学生学习的整个过程，是对学生日常学习过程的表现、所取得的成绩以及所反映出的情感、态度、策略等方面的发展做出评价。与终结性评价相比具有明显优势。

1. 评价主体更加多元化。形成性评价则强调学生的主动参与，使学生由被动评价客体变为积极评价主体，加强评价者与被评价者之间的互动，鼓励学生自我评价与同学间的互相评价，这可以促使他们对自己的学习过程、方法进行回顾、反思，从而培养学生学习的主动性与积极性。

2. 评价内容更加全面。形成性评价的内容是全方位的。评价的是学生学习的全过程。不仅注重评价学生对知识的掌握情况，而且也重视对学生的学习态度、学习策略及情感因素等方面的评价。

3. 评价方式更加多样化。形成性评价的方式更加多样化，它可以通过教师对学生的课堂表现进行观察做出评价，也可以通过课堂讨论、学生日记、作业与小测验、调查问卷及访谈等对学生进行评价。

4. 评价结果具有反馈作用。由于形成性评价是在学生的学习过程中进行的，因而能够及时反映学生的学习情况，给学生提供反馈。更重要的是，它可以帮助学生建立自信心，激发和培养学生的学习兴趣，帮助学生养成良好的学习习惯。同时教师也能得到及时的反馈。能够及时了解学生的学习情况和需要，以便及时调整教学内容和方法，从而提高教学效果。

（二）采用形成性评价的必要性

形成性评价注重对教和学过程进行多层次、多元化的分析判断。能够为教学双方提供及时、真实的诊断性信息，有利于教和学过程的完善和发展。高等院校的大学英语教学，不仅要求培养学生的英语综合应用能力，更加注重学生的自主学习能力，而这种能力的培养难以通过单一的终结性评价实现，这就需要在教学中发挥形成性评价的作用，为学生提供多种自我表现的形式和机会，使学生的知识和技能得以更加全面的施展。

形成性评价作为一种随时向教与学提供反馈的评价方式,它的优越性已受到越来越多人的关注。它是一种以学生为中心的评价,可以最大限度地促进学生的自主学习,同时使教师的教育理念不断更新。新一轮的大学英语教学改革正在进行中,评价体系作为大学英语教学的一个重要环节。传统的终结性评价已不能完全适应改革的需要,而形成性评价恰恰可以适应促进学习者学习策略,提高学习兴趣,增强学习动机,激发积极的情感态度等作用。

第八章 大学英语教学——交际教学法

第一节 交际教学法在大学英语教学中的应用

为了提高学生的英语交际能力，交际教学法越来越受到大学英语教师的关注和青睐。近年来的教学改革基本采用交际教学法，强调教学以学生为中心，加强对学生的主体意识和积极性的培养，教师在课上引导学生进行语言交际实践，使学生在实践中学习语言、获取知识，并具备一定的交际能力。

一、交际教学法的概念

交际教学法（Communicative Language Teaching Approach）也叫作"意念法"（Notional Approach）或者"功能法"（Functional Approach），是在 20 世纪 70 年代，由美国社会语言学家戴尔·海姆斯（Dell Hymes）提出。交际法以语言功能项目为纲，以培养学生交际能力为基础理论。

其核心思想是：语言教学的目的是培养学生使用目的语进行交际的能力，语言教学的内容不仅要包括语言结构，而且要包括表达各种意念和功能的常用语句。交际教学法认为，人对语言有两种能力：

一种是语言能力（Language Competence），也就是人具有说出语音语调和遣词造句的话语功能；

二是交际能力（Communicative Competence），即根据交际的目的、对象、内容、语境、身份等讲出恰当的、符合语境的话语的能力。具备了语言能力，不一定具备交际能力，语言能力是交际能力的一个重要组成部分。

二、交际教学法的优点

交际教学法相对于传统的"语法—翻译"教学法有着比较显著的优势。传统教学法重视英语语法条目和词汇的讲解,教师整堂课讲解语法、篇章结构,学生被动地听,不利于学生英语学习兴趣的培养,学生学了十几年英语,最后还是"张不开嘴",这就违背了英语教学的目的。

而交际教学法以培养学生运用语言进行交际为目的,奉行英语是一种交际工具。它以学生为中心,以学生的语言实践为主线,引导学生积极参与教师创设的语境中来,在交际中提高学生的英语应用能力。

首先,有利于激发学生的学习兴趣、主动性和互动性。由于交际教学法是让学生在与人交际过程中学习英语,这样,更能激发他们积极的学习兴趣和主动参与的意识,从而主动地、积极地学习并体会到成功的乐趣。

其次,注重学以致用,培养语言的运用能力。语言学习的过程,不仅是知识的积累,更是素质和技能的提高。语言教学的目的是培养和发展运用语言与他人交际的能力。交际教学法强调以语言交际为教学原则,倡导让学生在与人交际的过程中学习英语,这有助于真正培养其语言的运用能力。

最后,转变传统语言教学中的学生角色和单一教学行为和方式。由于交际法强调语言教学要为学生的交际需要服务,所以学生由原来的"配角"变为"主角",处于更为积极、主动的地位。同时,交际法以语言功能、意念交际活动为内容,教学过程变为双方或多方交际过程,而交际活动不仅重视语言,更重视非语言表达手段的应用,如动作、体态和表情等。所以,交际教学法又适应了现代语言教学中多种化的教学手段(multi-media)的实施和运用。由此,交际教学法一经诞生,就展示出其他教学法无可比拟的优点。

三、交际教学法的不足

然而,在交际教学法的实施过程中,也面临着一些理论与实践的困境和问题。

首先,语法教学的忽视。用母语教授英语,以翻译和机械练习为基本手段,以学习语法为入门途径,注重语法规则的讲解和操练的语法翻译法曾在传统英语教学法中起主导的地位和作用。

交际教学法强调对英语交际能力的培养,鼓励学生在情境中积极操练,淡化语法教授,打破了语法知识的系统性。但事实上是,词汇和语法是语言交际的基础和框架,没有语法,语言就缺乏逻辑性和根本,也就不可能达到交际的正常效果。而且,交际的目的也是为了获取知识。所以,交际教学法中依然不可忽视语法教学。

其次,语言环境的缺乏。交际教学法的出发点和归宿是培养学生的英语交际能力,而交际能力的培养和发展需要历经无数的交际过程,也就是需要进行交际的英语环境。然而,对我们中国人来说,英语的"非母语"限制了用英语交际的自然环境。仅靠有限的英语课堂教学时间和难得的某些情境(如英语角、各种竞赛)使得交际教学法的实施效果大打折扣。

最后,当前英语教学评价体系存在缺陷。评价体系既是教学的衡量器,又是导航器。当前,无论是终结性评价还是形成性评价,考试都是评价教学的重要手段。交际教学法强调英语语言学习重在培养和提高学生的实际运用能力,但是现行的考试制度和考证风又迫使教师和学生以考试为中心,围着考试转,而把以交际能力为目的的教学方式和学习方式晾在一边。尽管现在的大学英语应用能力考试和四、六级考试制度进行了改革,但离交际教学法的需求还很远。

四、交际教学法的优化

1. 教师要积极转变角色,变主体为主导

英语教师的角色应该是控制者(controller)、评估者(accessor)、组织者(organizer)、提示者（prompter）、参与者（participant）和资源（resource）。我国大多数英语教师在课堂上是从头讲到尾，学生很少有表达的机会。在实施交际教学法时，教师一定要积极转变自己在课堂上的角色，由主体变主导。由课堂上从头至尾的讲授转变为组织学生进行各种交际活动，控制课堂教学进度，对内向胆怯的学生予以积极鼓励、提示，使其积极加入课堂活动中，同时巧妙避免少数学生主宰课堂交际活动的现象并保证不挫伤这部分学生的积极性。

2. 教师注重语言结构性知识与功能性知识并重

交际教学法在弥补结构教学法对语言运用的忽视的同时又淡化英语语言的结构性知识。即过于注重意义而忽视了语言的形式和结构。而实际上语言形式和语言意义是同等重要的，彼此不可偏废，因为语言意义是教学的最终目的，语言形式是达到这一目的的必要手段。偏颇了哪一方最终都不能实现对英语语言的学习和使用。因此，需要同步重视语言习得的结构性知识和功能性知识。

3. 教师要精心设计交际活动

交际教学法的核心是交际活动，通过双方、多方交流来学习语言。因此，教师应结合学生实际，如英语基础、个性特点、教学条件等，精心设计切实可行的课内外交际活动。例如，（1）课堂场景设计。教师要提供给学生真实、丰富、多样化的情境，如实际生活情境、想象情境等，使学生在语言情境中感受英语，而不是仅仅进行简单的句型操练。（2）交际范围的多样化如单人、双人、小组等不同范围内实施英语交际和交际所用语料的多样化如笑话、趣闻轶事、歌曲和影视等，使学生获得更多的锻炼机会。（3）充分利用第二课堂的作用。良好的英语课外学习环境、课外活动环境和其他学科地英语应用环境是课内交际语言教学的有益补充。

4. 教师要重视文化教学，培养跨文化交际能力

任何语言都不能脱离一定的社会文化而独立存在。在社会生活中，如果单凭具备语言能力，而不了解文化差异，不具备语用能力，依然是不能顺利、完全地进行交际活动。因此，教师必须重视语言教学中的文化教学，理解跨文化交际能力的价值，在语言教学的同时进行文化教学，在交际型教学法的实践中适时进行不同文化的分析比

较，避免以本国文化的思维定式套用目标语。唯有如此，英语学习者才能培养和发展符合英、美国家社会文化、规范和习俗的交际能力。

5. 学生要积极转变课堂角色，由被动变主动

在传统教学模式中，教师是"教"的主体，学生是"学"的主体。学生要变被动接受知识变成主动学习。在交际教学法中，学生的主体地位应该体现出来。具体表现为，在课堂上学生有更多的表达、交流的机会。学生在课堂上任何关于学习的需求都应尽可能得到满足。另外，学生还应成为"信息反馈者"。比如，学生应就课堂教学环节的设计是否合理、活动的组织是否可行等向教师进行反馈，以便教师化教学活动，提高学生参与活动的积极性，提高交际教学法的效用。

培养学生运用语言进行交际的能力是我们的教学目标。交际教学法这一教学理论，有着其自身的利与弊。在大学英语教学的过程中，扬长避短，通过多种优化手段充分发挥其优势。交际教学法使学生获得更多表达、交流的机会，使学生在教师精心创设的场景中主动学习，逐渐提高运用英语进行交际的能力。

第二节　交际教学法的特点

一、交际教学法的教学特点

1. 教学目标

功能和意念相结合，培养交际功能。学习语言的目标是从学生的日常生活和未来工作的实际需要出发，培养创造性、正确、得体地运用语言的交际能力。

2. 教学过程

教学过程交际化。在课堂教学过程中利用"Discussing""Role play"等形式实现教学过程交际化，在课外活动中充分发挥"English Corner"的作用，教师和学生尽量在真实的交际环境中进行沟通、互动，达到交际的目的。

3. 教学主体

以学生为主体。交际教学法强调教学要为学生的交际需要服务。传统式的以教师为中心的"填鸭式"教学方法早已不适应如今学生的交际需求，课堂教学应鼓励学生积极参加各种交际活动，激发学生的交际热情，促进学生掌握语言知识和培养学生的语言运用能力。

4. 教学手段

教学手段多样化。交际教学法主张采用多种教学手段，教师在教学过程中应正确利用"教学包"，即教师用书、辅导读物、磁带、挂图、录像、电影、电视等，增加教学过程多样化，加强课堂教学交际的真实性。

5. 教学环境

教学环境情景化。课堂教学情景尽量真实化，让学生在逼真的情景下模拟交际。用英语进行实际交流，是交际教学的精髓和目标。

6. 教学态度

教学态度以"宽容"为主。学生在学习过程中难免出现语言应用错误，因此，在不影响交际的前提下教师对学生应采取适度的"宽容"态度，尽量鼓励学生发挥言语交际活动的主动性和积极性，并且学会在"犯错"中吸取教训，获取经验，迅速成长。

二、交际教学法与语法翻译的关系

随着科学技术的发展和市场经济的影响，国际交流和贸易活动不断增多，社会对具有一定英语水平的人才的需求不断加大。语言学习者不再单单满足于提升语法能力和阅读能力，而是迫切需要提高听、说、读、写的语言综合应用能力。

1. 语法翻译法及其优劣势

语法翻译法之所以能有辉煌的历史，原因在于它有着自己的可取之处。第一，语法翻译法以语法为中心，可以帮助学生打下较为牢固的语法知识基础，使学生的表达较为准确。第二，语法翻译法在教学过程中充分利用母语优势，能帮助教师节省时间。

在教学中有很多复杂的结构和抽象的概念，用母语解释起来较容易且较直观，学生也易于接受。第三，语法翻译法重视阅读和写作，因此有助于书面技能的提高。第四，由于母语的介入，语法翻译对教师和学生的压力相对小一些。

随着社会的进步和理论的发展完善，传统的语法翻译法有时不能适应需要，曾经受到猛烈的批判，因为它自身存在着一些不足。

第一，它过于强调语法规则和语法结构，而忽视语言技能的培养。在语法翻译法中，阅读课成了语法分析课，语法课更是只啃语法的条条框框，学生只是机械地通过强化训练记忆语法规则和词汇，但无法在交际场合将其正确、流利地运用。

第二，它只注重书面形式，忽视了语言使用能力。往往学生学到的是"哑巴英语"，只会读、写，不会听、说、运用，其结果只能是语法讲得头头是道，英语表达讲得结结巴巴。

第三，语法翻译法的教学过程较为单调、枯燥，教学步骤常常是固定不变的。

第四，教师自始至终控制着课堂，一个人在滔滔不绝地讲，而学生的地位过于被动，很少有机会表达自己的想法。

2. 交际教学法及其优劣势

当社会的发展和科学的进步使民族间、国际交流大大超出书面阅读的时候，人们发现一些传统的诸如语法翻译法之类的英语教学法已不能适应时代的需要，因此语言学家们便开始寻找新的教学方法。

交际教学法是作为语法翻译法的对应物而提出来的，它是一种以语言功能项目为纲，发展交际能力为目标的教学方法体系。它重视培养使用英语进行交际的能力。交际能力不仅指运用语法规则生成语法正确的句子的能力，而且包括能在特定的交际场合正确且恰当地使用语言的能力。

交际教学法有很多优点，因而成为风靡一时的教学法，并在许多教学实践中取得了成功。

第一，交际教学法重视发展学生的交际能力，注重学生的语言知识在具体交际场合的灵活运用，改变了"学无以致用"的情况。

第二，交际教学法的教学形式给学生提供了运用语言的真实情景，发展和提高了学生听、说、读、写的综合能力。

第三，交际教学法能营造融洽、自由的课堂气氛，使学生从古板、枯燥、压抑的课堂中解放出来，寓教于乐。

第四，交际教学法提升了学生的话语能力。与以教师为中心的传统教学法不同，交际教学法使学生更多地参与语言运用活动，学生接触的和使用的不是孤立的词汇和句子，而是连贯的表达。

交际教学法的缺点。

（1）功能 – 意念项目多种多样，没有统一的标准和规定的项目；以功能为主编写教材，打乱语法本身的系统，增加了学习语法的困难。

（2）如何处理语言能力和交际能力的关系，如何处理语法体系和功能大纲的关系仍有待解决。

（3）课程设置、考核、教法方面还存在着许多问题；在起始阶段，交际教学法使习惯于其他方法的学生感到困惑；同一功能可用多种形式表达，如何选择和取舍，没有客观标准，需要在实践中去探索，不断加以发展和完善。

3. 翻译教学法和交际教学法应取长补短、优势互补

英语教学的最终目的是使学生掌握和使用这门语言，而这只有通过大量的实践活动才能达到。因此教师必须要求学生尽可能多地接触这门语言，多听、多读、多说、多写，技能培养不容忽视。所以，如果我们在课堂上单纯用翻译教学法，那么将导致学生开不了口，成了"哑巴英语"，无法进行交际。

反之，如果我们在课堂上单纯地用交际教学法也会导致"非标准英语"，实际上也无法进行交际。显然，交际教学法和翻译教学法的存在都有各自的必要性和合理性。它们虽以不同的理论为基础，但在教学方法、教学目的、教学过程上并不对立，而是各有所长，可以互补和结合。

我们应该充分利用交际教学法的优势,改善传统的翻译教学法,在传统的课堂上科学、合理、渐进地引进交际教学法,注重两者的取长补短,充分发挥两者的优势,实行两者的有机结合,从而提高英语教学质量。

实践证明,高质量的教学要有合适和有效的教学方法作保证。因为在教学过程中所采用的教学法比其他因素更为重要,并决定着教学的效果。然而在英语教学过程中使用什么样的教学方法在很大程度上取决于具体情况。

情况不同,教学方法也会随之改变,所谓"一劳永逸"的万能教学法是根本不存在的。因此,教师不能拘泥于某一教学法,必须了解各个教学法的特点、技巧,根据特定的教学目的、教学任务、教学对象和教学阶段进行优化选择,综合运用各种教学法,将国外英语教学的先进理论与我国英语教学的实际情况相结合,努力建立起适合我国国情的英语教学法体系。

第三节　交际教学法在英语分层教学中的初步探索

《大学英语课程教学要求》中指出要重点培养学生的英语综合应用能力,特别是听、说能力,使他们在今后的学习、工作和社会交往中用英语有效地进行交际,同时要实现以教师为中心,单纯传授语言知识和技能的教学思想和实践,向以学生为中心,既传授语言知识,又要注重培养语言实际应用能力和自主学习能力的教学思想和实践的转变。

如何提高学生的交际能力,已成为英语教学工作者共同面临的问题。交际教学法抓住了语言是交际工具这一本质特征,让学生能更多地参与课堂教学,轻松、自然地接受知识和提高能力。

一、大学英语读写课程实施交际教学法所遵循的教学原则

第一,课堂教学应体现以任务为中心而不是一味地以讲语法、做练习为中心。建立以任务为中心的交际教学模式,让学生学会如何利用语言作为媒介实现交际的目的,

完成交际任务。即"让学生投入到解决问题的任务中去,把任务作为有目的的活动"。

交际教学法其重心就是课堂活动以任务为中心,将交际教学贯穿于整个课堂,而不是侧重于结构、功能或概念的东西。

第二,在交际教学课堂中,教师需优化交际任务,创设语言情景,进行有目的、有意义的语言实践活动,激发学生的学习积极性,正确地运用语言表达思想。

第三,教学各个环节都应体现以学生为中心的原则,强调学生的主动性和相互作用,而不以教师为中心,最大限度地保证学生的练习时间和练习量。在课堂教学中,教师需充分理解教学中的交际法原则,扮演好促进者、组织者、参加者和学习者等多重角色,融洽好的师生关系等。而学习的任务要靠学习者自身去完成,这就要求学生主动、积极地参与各项语言实战活动,培养自身的交际能力、思维能力和分析能力。

第四,运用非正式的评估和测试,把学生平时的课堂表现、作业完成和任务完成情况、单元测试、期末考试成绩一起结合起来检验教学效果,获取反馈信息。

二、交际教学法在大学英语读写教程课堂中的实践

《大学英语读写教程》由若干个单元组成,每单元围绕某一确定的主题有 A、B 两篇课文和一段 100 字左右的预览。A 篇设有听力活动部分,文后配有包括课堂讨论、词汇、语法、完形填空、语篇分析、翻译和写作在内的多项练习。B 篇有阅读技巧介绍和课文相关的练习。我们认为交际教学应贯穿课堂教学的始终,围绕每单元一定的主题进行相应的教学活动,分步实现教学目标。

结合学生的英语水平和读、写教程的特色,采取课前任务、课中任务、课后任务、跟进任务的交际课堂教学模式。

1. 教学目标

教师在每上一个新的单元时,都应制定教学目标,确定具体的教学方法,精心组织课时和内容。如掌握课文大意;厘清文章结构,提高学生语篇分析能力;分析课文中的写作技巧并进行仿写,提高学生的写作能力;掌握课文中的语法难点和一些新的

词汇和词组，完成课后练习。

2. 课堂教学实践

第一，课前任务。通过恰当的导入，应用或提供相关的背景知识，提供有关阅读策略，激发学生对该主题阅读的兴趣；通过对标题的思考，或给出对课文内容、结构形式理解的任务表，预测文中内容，鼓励学生勇于表达自己的观点，进而对该主题产生兴趣。

第二，课中任务。速读一遍获得文章的大意，定位文章的主题句或每个段落的主要大意；第二遍定位具体的信息，交流关于文章的理解和困惑之处；第三遍训练学生对组织结构的把握，对相关主题进行写作训练。通过训练学生运用阅读技巧的能力，提高学生的阅读能力，提高他们对英语语言的掌握及运用能力。

第三，课后任务。课后活动给学生提供更多的练习机会，帮助他们扩展已学过的知识图式。组织小组或班级课堂讨论；学生独立完成各项练习；检查学生的回答情况，讨论答题中不尽如人意的地方；针对学生理解课文中产生困惑的不同原因，实施不同的教学策略。加深他们对课文的深层理解，提高他们对语言的驾驭能力。

在这个阶段，教师主要侧重于课后课文理解讨论题、单词和词组的练习、选词填空、词语搭配、句型结构、翻译、语篇分析以及完形填空等多种练习的检查和操练。这些习题有针对性地练习和巩固已学过的知识技能，能进一步提高学生英语综合应用能力。

第四，跟进任务。采取探讨与内容相关的话题、续写结局、用自己的话概括课文、角色扮演、面试、辩论等形式，或介绍与主题相关的名言警句，将听、说、读、写结合起来，重点培养学生的迁移能力和综合运用能力。

以学生为中心，采取课前、课中、课后、跟进任务，分步实现教学目标的交际课堂教学受到了学生欢迎，调动了学生参与课堂的积极性，课堂气氛活跃，课堂教学效果明显，学生学习英语的积极性大大提高，有利于学生分析问题、解决问题和用英语进行交际能力的培养。

第九章 大学英语教学——任务型教学法

第一节 任务型教学法在大学英语课堂的设计与应用

大学英语的学习效果取决于多种因素，除了学生的自身努力外，教学模式是一个非常重要的先导条件。随着时代的发展，大学英语教学目标更注重培养学生英语综合能力，特别是英语听、说能力，使他们在今后工作和社会交往过程中能用英语有效地进行口头交流和书面信息交流，同时增强其自主学习能力，提高其综合文化素养，以适应我国经济发展和国际交流的需要。

因此，传统的"PPP"教学模式，即教师先呈现某个语言项目（presentation），然后让学生练习（practice），最后让学生用该语言项目进行表达（production），已不能够满足英语教学的需求，而任务型教学（task-based approach）可以在大学英语课堂上充分发挥它的优势，弥补传统教学的不足，并能起到很好的教学效果，所以任务型教学模式应该得到进一步的提倡和推广。

一、任务型教学的内涵及其理论基础

现代教学理论认为教学中学生的主体地位，教师的主导地位，打破了英语教学中语法教学和实际运用相割裂，语言形式和语言意义相割裂的传统模式，从关注"教"转变为关注"学"，从注重"语言本身"转变为注重"语言习得"，从注重"语言研究"转变为注重"语言使用"。

在任务型教学中，"任务"通常泛指在课堂教学中为推进学习过程而要求学生

做的任何具体的贴近学习者生活、学习经历和社会实际以形成语言意义为主旨的活动。在完成任务的过程中,学习者一直处于积极、主动的学习状态中,参与者之间的交流过程是一种互动(interactional)过程。为完成任务,学习者以"意义"为中心,尽力调动各种语言的和非语言的资源进行意义共建,以达到解决某种交际问题的目的。这种以任务为中心的语言教学思路(the task-oriented approach)是交际教学思路(communicative approach)的一种发展形态,它要求学生用目的语进行理解、操练、使用或交际,是认知结构的组织和重新组织,学生获得的知识不是教师灌输的,而是要学生自己去主动探索和发现的,即布鲁纳(J.S.Bruner)的"认知－发现学习论"。这种认知－发现学习有一系列的优点:

(1)有利于激发学生智慧潜力;

(2)有利于激发学生的内在学习动机;

(3)有助于学生掌握试探的方法;

(4)有利于所学知识的记忆与保存。

所以完成任务的过程也就是使学习者自然地、有意义地对语言加以运用,并营造一个有利于语言习得和内化(internalized)的支持环境。

二、任务型教学的设计原则

任务型课堂教学的任何一个环节、任何一项活动都应该围绕任务而设计、展开,课堂与真实世界应有某种有意义的联系。任务型教学就是直接通过课堂教学,学生用英语完成各种真实的生活、学习、工作等任务,把任务作为载体,学习者通过听、说、读、写等活动,用所学语言去做事,在做事的过程中发展运用自己的语言,也就是为用而学,在用中学,在学中用。

它强调的是学习过程,强调有目的的交际和意义表达,强调语言学习活动及其任务具有现实生活性,强调教学活动和任务应遵照循序渐进、由易到难的原则,强调语言学习是获得技能的过程。学习任务的设计要突出趣味性、可操作性、科学性、交际性和拓展性，任务类型要能体现多样性，任务目标要具体化、细致化，活动的设置要有延伸性。

因此任务型教学模式应遵循以下五种原则：

（1）提供有价值和真实的语言材料；

（2）运用活的语言；

（3）所选任务应能激发学生运用语言；

（4）适当注意某些语言形式；

（5）有时应突出注意语言形式。

三、任务型教学的具体应用和实施

任务型教学与传统的教学模式不同，它把语言形式的聚焦安排在最后。笔者从学生"学"的角度，以《新视野大学英语读写教程》Unit Seven 为例来设计教学活动，从课文的预习、理解和拓展入手设计出课前任务、课中任务及课后任务三个阶段。

（一）课前任务（pre-reading task）

课前教师要明确目标、布置任务，如：Ask students to discuss the topic of "Gun problem" in groups; such as: What do you think of the Gun problem? Should we solve the problem by removing it or not? Can victims really protect themselves when having a gun? 来诱发学生交流的兴趣和欲望，树立学生的课堂主体意识，让学生利用课余时间通过图书馆、网络等途径查阅相关资料，为积极参与课堂讨论做准备。

课前的一些问答、讨论能激起学生对以往相关背景知识的回忆，促进其更好地理解课文。

（二）课中任务（while-reading task）

上课开始，教师可以利用多媒体展示一些相关图片，通过视觉提供有益的背景知识输入，此时还可插入提高语言知觉的活动，让学生能联想起相应的词语或短语，如

violence, fear, hunger, poverty, sufferings, gun-related murders。现在各种多媒体中的英语节目给英语学习提供了很好的素材。教师还可利用一些真实的语言材料设计出实用性强、可操作的任务。这些内容完整、故事性强的任务有助于学生理解、记忆、复述。

在课堂上学生可通过小组互动完成一项学习任务。教师应先向学生讲述组织这次小组活动的目的，布置学习任务，让学生明白教师的意图，同时规定好活动的时间。学生可以把课前所准备的东西先在小组内互相交流，并推荐出一两名代表向全班同学和教师汇报。教师也应先对活动主题所需要使用的语言知识有所准备。在活动过程中教师应一组一组地监控，并提供适当的帮助，做好小组间适当的调节，鼓励学生用各种形式的言语交流，培养学生语言的流畅性。此时教师要注意不要为了纠正语言错误而打断其交流。

在学生已经预习并获得足够输入后，教师可根据课文的题材、体裁运用不同的交互模式进行讲解。在阅读过程中，教师应注重语篇结构的分析，强调上下文结构的重要作用，指出作者的最终目的。最后对课文进行必要的语言分析，有重点的讲解语言结构、翻译句子和段落写作。

（三）课后任务（after-reading task）

此阶段的重点从语言意义指向语言形式，即做一些相应的练习，让学生结合特定的语境运用目的语进行交流，达到巩固的目的。活动可大可小，形式视课文内容而定，可复述、写摘要、搞辩论、角色扮演等。如在"Face to Face with Guns"一文讲解结束时可把学生分成小组，就论点"Could we feel safer when having a gun?"进行辩论，这样既巩固了所学语言知识点，也锻炼了学生的表达能力。

另外，教师适时的评价与鼓励能起到很好的效果，这能让学生意识到语言运用中存在的问题，同时又可借机培养学生积极的人生观。

五、任务型教学中的注意事项

1. 任务必须有明确的目标，且贴近学生生活，这样学生才能有效地完成任务。

2. 注意师生角色转变。学生是学习的主体，教师是任务活动的指导者、策划者、组织者和评估者。任务型教学中教师不再扮演知识权威的角色，而与学习者形成伙伴关系。由于多年的传统教学的影响，许多学生养成对教师的依赖心理，缺乏良好的学习习惯。因此教师应做好学生的工作，帮助学生树立正确的学习观念和良好的学习习惯，逐步培养学生的自主学习能力。此外评估的标准要为大家所熟知，教师的评估应做到公平公正。

任务型语言教学是目前国际英语教学界广泛采用的一种有效的教学模式，它强调的是学习的过程，强调真实的交际，强调语用能力（language competence）和自主学习能力（learner autonomy）。任务型教学法在大学英语课堂上的运用有助于促进学生自主、合作学习。它能大幅度地增加学生运用语言的实践机会，能培养学生的良好性格和情感，能让英语课堂的气氛轻松活跃，从而大大提高学生对英语学习的兴趣和综合运用语言的能力，进而达到语言学习的目的。

第二节 基于"任务驱动"模式的大学英语教学任务设计

在基于"任务驱动"的教学模式中，学生以完成"任务"为目标，在教师的指导下通过合作学习处理完成任务，在这一过程中学习掌握教学计划内的教学内容。具体到大学英语课中，教师根据大学英语教材每个单元不同的内容，针对学生实际水平和学校教学条件，把学习重点设定成不同的任务，让学生在一个个具体的"任务"驱动下，通过团队协作，完成一系列"任务"的学习活动。由此可见，设计任务是"任务驱动"大学英语教学模式成功实施的关键。

一、列举型任务（listing）

这类任务要求学生根据要求说出与题目有关的事项并列成清单。列举型任务有利于培养学生收集信息的能力和理解、归纳能力，也有利于教师增强对自己学生的了解。在学习新课时设计一个列举型任务，还可以帮助学生更好地复习以前所学的有关内容，扩大词汇量。例如《读写教程4》中 Unit 5 的话题是东、西方文化差异，教师可以让学生自由列举出东西方文化差异的例子，例如对颜色、饮食、日常用语、价值观的差异。

二、排序和分类型任务（ordering and sorting）

这类任务也称作整理型任务，它比列举型任务更有挑战性。不是简单的列举，而是通过学生对一系列输入材料进行分析归纳之后再将其分类或排列成一定的顺序，它有助于培养学生处理使用信息的能力、逻辑思维能力和分析能力。比如《读写教程3》中 Unit 3 的主要内容是关于好莱坞著名影星奥黛丽·赫本的生平。笔者让学生组成6～8人的小组，课前通过网络查询或图书馆查阅等形式了解奥黛丽·赫本的相关信息，如其主演的影片名、对社会公益事业的贡献、对时尚的影响、家庭情况等，并按时间顺序进行排列。上课时分小组用PPT演示的方式列举其中一个方面的信息。这项任务节约了课堂时间，扩充了学生的知识量，同时培养了学生的自学能力。

三、比较型任务（comparing）

通过学生对不同的输入材料进行对比和比较，找出其中的异同，并用适当的语言表述出来，这样，学生的观察力、注意力、归纳能力和批评性思维的能力都可以得到培养和发展。比如《读写教程4》中 Unit 2 的话题是美的秘密（Secrets to beauty）。笔者上课时先让学生谈谈对自己容貌以及化妆品广告的看法，然后将答案按男、女生分类，引导学生对比男、女生对于美的不同看法。本项任务在完成语言知识教学的同时，培养了学生收集和整理信息的能力。

四、解决问题型任务（problem solving）

这类任务集中于通过参与者的合作、沟通与磋商找到一个解决问题的方法，它的答案并不是唯一的，是一种开放型的任务，有助于学生解决问题的能力、综合运用知识的能力及创造能力的发展。

同时又能使学生形成强烈的集体荣誉感、培养团队精神。比如《读写教程3》中

Unit 4 的话题是旅行，作者设计了这样一个任务——设计最经济的旅行计划。先让学生自由发言回答已经去过的地方和最想旅行的地方，然后让学生分组设计最经济的旅行计划，并要求在课后用报告的形式表现出来。这项任务活动围绕学生的日常生活，学生做起来有亲切感，乐于参与。

五、分享个人经历型任务（sharing personal experience）

这类任务模仿我们日常生活中经常会遇到的互相交流信息、观点和意见的情况。我们可以让学生互相沟通分享各种信息，包括有关各自学习、爱好、生活经验等各方面的情况。比如《读写教程1》中 Unit 5 的话题是体育。配合课文的内容，教师让学生课前查阅和收集关于体育锻炼的材料，课上在小组中讨论最喜欢的体育项目，每天花在体育运动的时间，以及最喜欢的体育明星等。讨论后，由小组推选或教师随机选取各组1人为代表向全班陈述。

六、创造性任务（creative tasks）

创造性任务指任务具有探索性、开放性和实践性。结合大学生所学的专业，对同一个话题可以设置不同的创造性任务。例如《读写教程4》中 Unit 4 的话题是环境保护，对于工业设计等艺术专业学生，教师可要求他们发挥特长，设计环境保护的英文海报。对于经管、传媒等文科类学生要求他们围绕这一主题，通过查找资料、进行调查研究等方法获得环境保护的相关知识，并通过回答教师问题、举办编辑报纸、撰写研究报告等形式表现出来。对于机械、化工等理工类学生可以要求他们假设一个环境保护产品，如空气净化器，并用英语介绍功能等。

"任务驱动"的教学模式体现了英语教学从关注教材转变为关注学生，从以教师为中心转变为以学生为中心，从注重语言本身转变为注重语言习得与运用的变革趋势。实现"任务驱动"教学模式的难点在于任务设计。因此，大学英语教师要从英语的实际和功能出发，联系教学的实际，为大学生提供更加贴近真实生活的教学任务，提高学生的英语实际应用能力，最终全面提高大学英语的教学质量。

第三节　PBL在大学英语课堂呈现环节的教学实践

目前，在大学英语教学中，广泛使用的教学方法是传统的课堂讲授模式，教师为课堂的主体，占据主导位置，任课教师决定教学内容、教学方法、教学手段，教师引导学生去实现学习目标；甚至任课教师直接将学习目标灌输给学生。基于项目的学习的教学法可以改变这种情况，在此教学方法下，教师可以利用一个基于真实情境的项目话题，调动学生的主体能动性，提高学生的自主学习能力，最终达到学习目标。

基于任务的学习（Project-based Learning）最早源于美国教育改革家杜威并于1897年提出"做中学"，之后的教育研究则将此概念进一步发展成了基于项目学习的学习方法。1991年，该概念明确为"基于项目的学习是一种综合性视角，注重学生的参与。在这一理论框架下，学生寻找解决问题的方法，通过对问题的询问、观点的探讨、预测、计划或实验的设计，收集和分析数据的收集和分析，结论的总结，就观点和发现的与他人的沟通，新问题的探讨和作品的创建"。基于任务的学习，主要是提供大量"做"的机会，让学生亲身参与到学习的每个环节，让学生"学得"相关学科的重点知识，是国际英语教学领域常用的一种教学模式和教学框架。

一直以来，国内学者一直对不同的教学方法进行比较、探索和创新的尝试，希望能将教学重点从知识点的讲解转移到对学生的"英语综合应用能力，特别是听说能力"的提高方面，大学英语课堂应该将听说能力的提高贯穿在整个课堂教学环节中。

基于任务的学习方法是从项目的准备、执行到总结各个步骤中，学生完全置身英语听和英语说的氛围，组织语言，有效地完成听取其他同学同时说出自己的想法、建议和意见，完成信息输入、信息交换和信息反馈，最终实现英语综合的应用。在基于项目的学习框架下，学生根据自己感兴趣的话题和其他小组成员的商谈来决定项目主题的具体内容，学生自己决定呈现的具体形式，决定具体的实施步骤，调动了每个学生的积极性，保证学生在每个环节的参与，并保持其最后成果的个性化和创新性。

一、理论基础

基于项目的学习方法具有扎实的理论基础。基于项目和学习的理论基础是詹姆斯··格莱诺的情境学习和皮亚杰的建构主义理论。建构主义的核心可以概括为：以学生为中心，强调学生对知识的主动探索、主动探索和主动发现和对所学知识意义的主动建构（而不是传统教学那样，把知识从教室头脑中传送到学生的笔记本上）。

建构主义理论的主张是知识是学习者在学习经验的过程中获得，学习者需要主动、积极地接受知识。基于项目学习的方法中，学生成为学习环境的中心位置，或者说是学生的小组处于学习的中心位置；学习者主动地自发性地去对布置的项目内容进行探讨、研究、协作去解决问题，将所学和原有知识体系主动建构。

在此学习框架下，学生"个体把外界刺激所提供的信息整合到自己原有认知结构内"，将其他组员表述的信息于自身的知识结构整合、理解后，对自身观点的改善、修正、补充或放弃。

二、基于项目的学习教学法在英语教学呈现环节中的实施

（一）实验目的

教师在基于项目学习方法下的角色定位和传统课堂教学方法下角色的对比；基于项目的学习方法中教师的定位方面，教师在基于项目的学习中扮演的角色要"不同于传统课堂的角色和责任"，从而提高教学效果和教学质量。在项目进行的四个步骤——项目创意、项目实施、项目检查和项目评价中，教师必须"身兼数职"，从指导者到监督者，再到导入者，再到培养者，最后到评估者，每个步骤中都对教师的教学有着具体的要求，只有教师的角色定位准确，才能保证基于项目的学习顺利进行。

（二）理论学习

课题组所有教师系统地学习基于项目的学习的相关理论，进行交流讨论。参与本课题的教师查阅大量图书资料，有效利用网络资源收缩与项目主导教学模式相关的最

新的国内外研究。深化基于项目的学习的理论，根据詹姆斯·格莱诺的情境学习和皮亚杰的建构主义理论的解释，保持研究过程的客观性。

（三）实验思路

步骤一：形式为课堂口语呈现；步骤二：口语呈现的实施环节；步骤三：与参照组教师教学效果比较；步骤四：与录制的视频和音频材料进行比较。

（四）实验实施

1. 准备过程

每次课堂上录制视频和音频材料，对实验班和参照班进行数据采集，以便客观记录教师在课堂上是否能够按照实验规定的角色开展实验,保证数据的科学性和可信性。

2. 第一次口语呈现

实验班的教师角色。

（1）指导：说明教学目的(课堂口语呈现的具体要求：5—6人/小组,)组员自定；实验班口语呈现的主题自定；实验班口语呈现的时间自定；呈现的形式自定；PPT的技术辅助形式自定。

（2）监督：需要用英语进行所有的讨论和沟通，每个小组总体10—15分钟；

（3）辅助：每个呈现小组口语讨论出现终止，教师给予解释的沟通协调。

参照班的教师角色：按照传统的讲授模式，对固定主题进行讲解、分析和答疑。

3. 调查问卷

实验班和参照班的每名学生根据课堂口语呈现中教师的角色定位，确保教师在课堂中的表现和实验目的相符。

4. 实验数据分析

交际法语言测试在评估中要强调细化和量化，有利于提高评估的信度和效度，是目前广泛采用的语言测量方法之一。作为一种标准参照测试，交际法测试将受试在完成测试任务时的表现同时根据制定的评估标准参照体系进行比较，据此判断受试在测试中达到的语言水平。

为了避免出现评估标准的模糊性和主观性，该语言测试将语言组成部分的细化，将语言的评估看成一个动态过程，特别适合口语能力的评估，提供了一个良好的参考模板。

5. 访谈形式

对存在明显差异的学生进行面对面的交流，排除因个人因素和其他原因造成的无效数据。访谈内容包括：是否因主观原因（情绪、身体健康状况、性格等因素）导致卷面的分数与呈现中口语英语应用能力的差异；是否客观原因（环境、设备等因素）造成评估的分数差异。

三、教师在基于项目的学习框架下的实施口语呈现的具体教学特点

1. 教师是基于项目的学习的教学方法的设计者。在大学英语课堂口语呈现环节，基于项目的学习的教学方法虽然准备和实施的过程特别耗费时间，但是只要项目的内容设计适当，该教学法就可以取得非常好的教学效果。

2. 教师是基于项目的学习的教学方法的引入者。在课堂口语呈现环节，教师引导学生自主地选择、设计、完善感兴趣的话题和内容，学生不仅可以习得知识和所选内容的要点，而且可以将他们所学的英语真正变成一种有效的沟通工具，应用于解决真实的情境问题。

3. 教师是基于项目的学习的教学方法的评估者。教师可以采用多样的评估方法，如口语应用的静态评估，教师对学生口语能力只采用常见的朗读、重复句子、回答问题、情境反应、提问题、信息转换等方式。或者采取交际语言测试法的动态评估方式，将测试的分析性评分比例增加，降低印象性评分，提高口语测试的效度。

基于项目的学习方法具备扎实的理论基础，通过该课题的研究，调查问卷、具体的数据和教学成果均可证明该方法具有很强的操作性，是大学英语口语教学中一种有效的教学方法，能够在大学英语教学中，有效提升学生英语口语综合运用能力，希望可以更进一步将此方法进行推广。

此外，基于项目的学习的方法作为现有大学英语教学方法的一种，并非是对原有教学方法的否定，而是对其他教学方法的外延和扩展，希望可以将此方法与其他方法进行有机结合运用来提高学生的英语口语应用能力。

第四节　大学英语口语课堂的任务设计

"任务教学法"是20世纪80年代二语习得研究者和英语教学法研究者在语言习得，社会构建主义，人本主义心理学和体验式教育等理论基础上建立起来的以意义为中心，以完成交际任务为教学目标的英语教学方法，是交际教学法的发展。

一、任务的内涵及其要素

有学者认为,语言学习中的交际任务是学习者使用语言来理解、交际、产生的活动。这些类型的任务可以使学生发展语言的能力,最终达到在生活中使用这类任务的目的，这就为在课堂上实施任务提供了依据。还有学者从交际的角度进行分析，认为任务是学习者为了做成某件事情用目的语而进行的有交际目的的活动。

综合以上观点，基于任务的英语口语教学中的任务应具备以下要素：主题、可理解性的输入、活动形式、可理解性的输出。主题是指任务围绕什么而展开，可理解性的输入是指语言知识及任务背景的输入，活动形式是指任务以何种方式在哪里展开，可理解性的输出是指学习者的语言知识的重新建构以及交际能力的提高。

二、任务设计的原则

任务型教学的核心是使学生成为课堂教学的主体，他们在真实的语言环境中通过执行有挑战性的学习任务来完成学习目标。这样的目的对任务设计提出了种种要求。

1.任务设计必须具有交际性，同时兼顾语言能力的培养

任务设计的三个类型，即结构型、交际型和中间型。结构型模式强调任务执行过

程中语言形式的使用，交际型模式强调任务设计的真实性，而中间型模式兼顾任务设计和语言形式的使用。中间型任务设计模式是比较适合实际需要和我国英语教学现状的模式。作为一种课堂活动，交际性任务促使学习者使用目的语参与到理解、操作、输出或互动之中。学习者通过与教师、同伴协商合作，共同完成任务。

任务设置的目的是培养学习者运用其已有的语言能力而进行有效交际。在此过程中，学习者的注意力主要集中在意义上，而不是在形式上。然而要注意的是，语言能力是交际能力的基础。语言课堂中提倡真实的交际性任务并不意味着绝对排斥非交际性的语言活动。作为交际能力发展前提的语言能力，即听、说、读、写技能有时也可以通过创设交际性情景进行发展。语言教学者应尽可能创设各种交际任务，使得语言活动交际化。任务的设计应兼顾两种能力的发展，灵活安排语言活动与交际活动的能力。

2. 任务设计必须具有真实性

真实性是任务设计的重要依据之一，但对于真实性的意义，需要辩证地去理解。交际任务可分为真实生活交际任务与教学性交际任务。真实生活交际性任务是对学习者在平时或未来的学习、生活中可能出现的任务进行"预演"，而教学型交际任务则是以语言学习的规律为参照，按照二语习得的理论来设置任务，从而促进学习者语言能力的提升。

真实生活交际任务与教学性交际任务的划分界限并不十分清晰，而是一个连续体。交际性任务应具有真实性，符合目的语学习者的实际语言能力及知识范畴，同时考虑任务与现实需求的对应性。如果把交际教学活动看作一个整体，任务设计的真实性应包括输入材料的真实性、课堂任务形式的真实性、学习环境的真实性三个方面。

3. 任务设计必须具有层次性，注重活动形式的多样性、趣味性

课堂交际任务的设计还应考虑同一层次学习者的个体差异，既有利于全体学生的参与，又考虑到不同学生的语言基础和接受程度，由易到难，由简到繁，根据教学环节实现前后相连，层层深入，在教学时间足够的前提下尽量安排多个单位任务，并将这些单位任务链接构成任务链群，使不同层次的学生在完成任务的过程中都能得到不同程度的锻炼。

课堂的互动不仅存在于教师与全体学生、个别学生之间,同时也通过学生之间的互动存在,而且在更大程度上依赖生生合作的途径,并通过交际性任务这一媒介得以推动。因此,教师在设计交际性任务时,应考虑任务完成的活动多样化,多采用小组和双人交互活动形式,突出学生在语言课堂中的主体地位。

教师要善于设计新颖别致、能激起学生创造力的任务。丰富多彩的情境设计能给学生带来新鲜感,增添语言知识学习的趣味性,避免学生产生厌倦情绪,也利于激发其非智力因素,营造积极主动的口语交流环境。

4.任务设计必须具有可操作性

首先,任务必须切实可行,不可过难或过易,一些研究表明,学生对于过高或过低于自己学习能力的学习任务会丧失兴趣。因此设计的任务需符合学生的水平和需要,这对调动学生的积极性有很大作用。

其次,任务虽然由学生独立去完成,但教师必须能从总体上进行把握和操控,在出现突发问题或偏离教学目标时能够及时予以引导和调整。对于任务涉及的人数、时间、形式等细节都能进行精确控制。

最后,准备的情况也影响到学习者完成任务的情况。因此,教师在设计交际性任务时应根据学生的实际水平安排不同的准备条件,并充分利用准备的时间给学生以指导。

在任务型口语课堂中,教学要以学生为主体,以任务为主线。教师应重视任务设计,深入了解任务设计的内容、特点和要求,设计出符合学习者真实的语言能力、知识范畴,满足其交际需求,并兼顾语言能力和交际能力同时发展的教学任务活动,促进学习者的语言习得和发展。

第十章 大学英语任务型教学模式改革创新研究

第一节 任务型教学模式下大学英语教学改革的现状与内容研究

近几年,由于各省市高中阶段对英语考试政策的大范围调整,高等教育中大学英语教学改革也迫在眉睫。目前的大学英语教学主要存在以下几方面的特点。首先,教学目标考试化,教学内容书本化。以四、六级考试为主线的教学活动,忽视了学生的语言实际应用能力,包括跨文化交际能力,自主学习能力,甚至是基本的听、说能力,都没有得到足够的重视。其次,教学模式单一化,教师"一言堂"的现象普遍存在。声讨了十几年的"填鸭式"教学模式,至今仍然存在于大学英语的课堂之上,教师的角色被定义为知识的传授者,课堂的主导者,所谓的师生互动不过是教师一厢情愿的自问自答。学生的角色一直是被动的学习者,笔记满满,高分低能。最后,人才培养模式单一,对教学质量的重视程度不够。很多高校先后进行了英语教学改革,大多采取分级教学以期因材施教,教学效果并得到未有效改善。

一、大学英语教学普遍存在的问题

1. 以考试为终极任务的教学模式不能满足学生的实际需求,课堂教学内容大多与岗位需求脱轨,应试的知识结构和学习能力,难以达到实习与就业的实际需要。多数企业表示,毕业生要先实习,再学习,最后才能就业。

2. 大学英语教学存在效率低下的现象。多数学生虽然考试成绩尚可,但不能熟练阅读英文原版书籍,口头交流存在障碍,写作能力低下,不能满足岗位群的业务能力要求，使得许多毕业生空有一纸文凭，却始终徘徊在职场之外。

3.大学英语的教学以词汇讲解、语法例举为主，教师缺乏对学生进行自主学习能力的培养和跨文化交际能力的历练，学生在使用英语进行交流的过程中会出现不合时宜的表达，脱离了国际化、全球化的时代。

4.作为教师，未能有效引导学生增强自主学习的能力，使得学生过分依赖课堂，又倦怠于课堂，营造一种"以教师为中心，以讲授为主体"的课堂氛围，课堂外的自主学习几近于无。

二、任务型教学模式下大学英语教学改革的主要内容

1.转变教学理念，提高教学水平

英语考试不应被视作大学英语教学的终极目标，要在确保学习效果的前提下，彻底摒弃把考试通过率视为衡量英语教学水平高低的错误观念。学生是课堂教学的主体，大学英语的教学模式由以教师为中心转变为以学生为中心；教师是课堂的引导者、帮助者，其角色应从知识的传授者转变为实践能力的指导者和教学质量的监控者；大学英语教学的重点要从语言的基础知识传授，转变到语言文化的熏陶，与语言实际应用能力培养上来。

2.完善课程体系和人才培养方案

课程体系的调整不是单一的某一课程或者某一学科的变动，而是涉及整个教学计划的统筹，教学大纲的修订。作为人才培养方案的一个重要方面，教学管理部门应以本校的实际、学生的实际为最根本的出发点，就大学英语的改革而言，不只包括了语言知识和传授，语言技能的训练，还要重点突出听、说、读、写、译等语言应用能力的培养。制定一整套完整的考核方案，科学地、合理地进行与时俱进的调整，集众力最终达到这一教学目标。

3.优化教学方法，调整课堂角色

教学方法的优化主要依靠教师与学生课堂角色的转换，要彻底改变以教师讲授为

主线的课堂秩序，教师要做学生的引导者和帮助者，把备课的精力主要集中在为学生提供优质的、有效的、正能量的课堂任务中去，培养学生完成任务的能力，从而提高他们的自主学习能力，拓宽他们的知识储备，使他们成为具有一定语言交际能力的新型人才。因此，教师应有的放矢地去调整教学方法，如多媒体数字化教学、校园网络教学平台、手机软件选课评教系统等。与此同时，学生要在教师的引导下，出色地完成课堂任务，以完成任务为目的，高效地学习，从而不断增强自己的语言应用能力。

4.提高教学质量，注重师资队伍建设

提高教学质量的主要途径是充分利用先进的教学手段，目前很多教学资源都配备了先进的课件和网络资源，如一些网络课程的开发，多媒体资料的运用，以及微课、慕课等多种教学方式的推广，这些先进的教学方法和教学理念对教学质量的提升都有极其深远的影响。同时，应在教学过程中，教师应该不断地进行实践和反思，采用问卷调查等形式对教学效果进行调查和检验，为提高教学质量提供可靠的第一手资料。学校还可成立教学质量监控部门，请专家进行听课、评课，择优聘用教师，低职高聘，从而激励教师不断地提高自身素质，确保教学质量的有效提升。

综上，正如大学英语改革所强调的那样，任务型教学模式必须实行个性化教学，充分发挥教师的课堂导向作用，课堂内外都要秉承"以学生为中心，以学生为主体"的教学理念，以学促教，以教促研，保质、保量完成教学任务。只有这样，任务型英语教学改革才会取得较好的效果，帮助学生提高语言的实际应用能力和自主学习能力，有效增强教师的综合素质和业务水平。

第二节 以任务型教学模式推进大学英语课堂教学改革

近年来，在交际教学思想指导下以任务为中心的语言教学方法得到了不断的发展。任务型语言教学是在认知心理学基础上吸收第二语言习得领域的研究成果，把语言应用的基本理念转化为课堂教学实践的教学模式。这一教学理念强调以学生为主体，提倡"意义至上，使用至上"的教学原则，要求学习者通过完成任务，目标语进行有目的的交际活动。任务型语言教学是将真实的语言材料引进学习环境，给学习者提供语言学习的过程，并在这个过程中把学习者的个人经历作为课堂学习的重要资源，与课堂语言学习和课英语言活动相结合，进而达到通过目标语学会运用语言的目的。

一、任务型教学模式的理论与发展

随着教育改革的深入和教育观念的更新，任务型教学理论逐步被世界各地的英语教育工作者接受和认可，并得到很大发展。我国对任务型语言教学在课堂教学中的应用和研究日趋广泛，受到人们越来越多的关注。《任务型学习模式》提出，以任务为基础的课堂教学分为三个阶段，即根据任务教学中的任务整体构成及其循环规律，一个完整任务的构成主要由前任务、任务和后任务三个阶段构成。在前任务阶段教师通过介绍任务话题和任务要求，能动地发挥减轻学生的认知负荷和交际压力的作用，满足他们的认知需求和语言需求。在任务进行过程中帮助他们选择任务进行的方式和处理任务的方式，激励学生积极，主动进行竞争、合作、协商，努力完成任务，并适时给予必要的帮助。教师在后任务阶段的积极作用是在总结任务完成的结果和得失的基础上，重视归纳和分析学生在用语言做事完成任务的过程中的语言形式，有针对性地练习和强化相关的语言知识和交际技能，达到通过语言实践更好地掌握语言的目标。

二、交际教学对大学英语课堂任务型教学的要求

《大学英语课程教学要求》明确了大学英语教学将朝着个性化、立体化、网络化方向发展。它更加注重英语实际应用能力的培养，把英语当作一种交际工具，用于对外交际沟通，服务于专业、科研的要求或者是满足毕业后所从事的某种职业的需要，全面提高大学生的英语综合实用能力。在采用任务型教学时，教师不能脱离教学目的与教材，在设计任务时，教师必须考虑语言知识目标、语言能力目标；要考虑如何使

学生掌握教材中的语言点，并把这些与任务活动结合起来，脱离语言知识和语言技能的培养而谈论学生的综合语言能力是不可能的，也是不符合语言教学逻辑的。

目前，任务型语言教学已经在我国的中、小学英语教学中广泛应用，这一教学模式尚未在大学英语教学中普遍运用。为了实现《大学英语课程教学要求》的目标，在提倡任务型教学的前提下，大学英语教师要在教学目标的指导下施教，主动从自身主导型向学习者主导并以学习者为中心的学习形式转化，使学生能在任务教学方式下获得成功，并在学习过程中获得情感体验和调整学习策略，形成积极的学习态度，促进其语言实际运用能力的提高。大学英语教师应该结合实际，学习和吸收现代语言知识、学习论和第二语言习得研究和英语教学研究成果等有关知识，进一步深入了解交际教学法的深刻内涵和任务型教学的基本要求，改变课堂教学模式，主动适应新的要求，注重培养学生的自主学习、合作学习意识和实际语言交际能力，变单纯的课堂知识传授型的教学为交互、动态的以任务为主要形式运用语言解决实际问题的学习形式。

三、任务型教学模式在大学英语课堂教学中的应用

任务型语言教学的核心思想是要模拟人们在社会生活、学校生活中运用语言所从事的各类活动，将语言教学和学习者在今后日常生活中的语言运用结合起来，培养学生在真实生活中运用英语语言的能力。这种教学模式由于强调学生是认知过程的主体，是意义的主动建构者，因而有利于学生的主动探索、主动发现，有利于培养创造型的人才，这是其突出的优点。任务型教学注重真实场景下的、以明确目标为导向的语言交际活动：它要求学生通过完成任务的学习活动来掌握真实场景下的、以明确目标为导向的语言交际活动；它要求学生通过完成任务的学习活动来掌握真实、实用和有意义的语言，提倡以教师为主导、以学生为主体的教学活动；它倡导体验、实践、参与、交流和合作的学习方式，学生在参与教师或教材精心设计的任务型学习活动中认识语言，运用语言，发现问题，找出规律，归纳知识和感受成功。任务型语言教学模式的根本特征是以任务为核心单位计划、组织语言教学的途径。它既注重语言的陈述性知

识输入又注重语言的程序性知识输出和交际,是一种语言学习的理想状态。它围绕完成的任务,调动学生综合运用听、说、读、写技能参与教学活动,学会用语言做事的能力。它重视语言学习的交互性、真实性、过程性、学习者的参与性和学与用的相关性,是真正意义上的以学习者为中心的教学途径。任务型的教学模式以培养学生语言实际应用能力为落脚点,学生在大量学习和使用英语的交际活动过程中应用语言,掌握各种语言规律,巩固语言知识,获取语言技能。教师必须转变教育教学观念,转变教师角色,为学生创造大量使用语言的环境,使学生在大量交际活动中,使用语言、掌握语言。

随着英语教学法的应用,任务型教学法已经逐渐显示出其教学优势,这种新型教学模式要求教师从根本上改变了以往的教学角色,根据任务型的教学途径,尽量创设交际环境,面向全体学生,让每个学生都参与到学习的各个环节中来。要实现这个目标,教师必须打破传统的教育教学标准,根据不同层次的学生以及学生的个人特点设计不同的教学方法,应用多种教学手段激发学生的学习兴趣,使全体学生都得到发展。学习者可以通过多种渠道,发现和感知他们的生活环境,以让他们形成自己独到的见解。这种构建强调学习者个人从自身经验背景出发,建构对客观事物的主观理解和意义;强调人的学习与发展发生在与他人的交往和互动之中。教学应该置于有意义的情境中,最理想的情景就是所学的知识可以在其中得到运用。因此,教师应该根据这一理论,尽可能的创设尽量真实的环境,设计合理的教学任务,让学生有更多的机会参与到课堂中来,并最大限度地激发学生的学习动机和学习兴趣,使他们能更好地综合运用他们所学的语言,在相互交流中学会交际,学会学习,学会做事情。

任务型教学法与传统教学法之间的差异在于前者注意信息沟通,活动具有真实性而且活动量大。英语课堂教学具有"变化性互动"的各项活动,即任务。学生在完成任务过程中进行对话性互动,进而产生语言习得。它既注重语言陈述知识的输入,又注重语言程序性知识的输出和交际,是一种语言学习的理想状态。它围绕完成的任务,调动学生综合动用听、说、读、写技能参与教学活动,学会用语言做事的能力,重视语言学习的交互性、真实性、过程性、学习者的参与性和学与用的相关性,是真正意义上的以学习者为中心的教学途径。其本质反映了英语教学目标与功能的转变,体现了语言教学从关注"教"向重视"学",从以教师为中心向以学生为中心,从注重语言的客体本身向语言习得和运用的主体转变的趋势。英语教学在教授学生英语知识和技能的同时,还应注重发展学生的学习能力,在英语教学过程中,教师要使学生的听、说、读、写四种语言技能得到发展。语言技能是通过语言学习和语言实践培养起来的,需要学生之间进行多次交流、磋商及合作才能完成。

任务型语言教学有大量的理论研究支撑,与教学实践和探索紧密结合,是英语教学发展史上少有的理论与实践紧密结合的教学途径。在大学英语教学中提倡任务型教学,必然带来教学模式的改变和教学中教师和学生角色、地位的转变及其功能的调整。只有正确认识和处理好这种转变,才能有效推进"任务型"语言教学的开展,促进大学英语改革和发展。任务型教学模式是一种语言教学的有效途径,同时它又是一种新型的教学方式,因此需要教师在教学中大胆实践,积极探索,才能使任务型教学模式能够在提高学生的英语实际运用能力上发挥出最大作用。

第三节 大学英语任务型教学探讨

学生综合英语能力的培养在很大程度上取决于教学的组织形式。现代教学理论认为,学生是教学活动的主体和中心,教师在教学活动中起着组织者和策划者的作用,而不像在传统教学中教师完全控制整个教学活动。但是在当今的不少英语课堂上,教师依然是教学活动的中心,"满堂灌""填鸭式"教学仍然是教学的主要形式,学生只是被动地听、读、抄、背,没有积极、主动地发现问题、思考问题、解决问题。久而久之,他们逐渐对英语感到厌倦,甚至失去兴趣。

为切实做好中学英语与大学英语教学的衔接,大学英语教学中也可以采用任务型教学法,并做了研究和尝试。

一、任务型教学法的研究现状

任务型教学法是基于完成交际任务的一种语言教学方法,以计划和操作为其中心内容。它通过师生共同完成语言教学任务,英语学习者自然地习得语言,促进英语学习的进步。任务型教学法注重教会学生如何在完成一系列的任务中提高交际语言能力,注重指导学生达到交际目的,强调通过口语和书面语交际的训练,掌握语言技能。另外,任务型教学法"注重探索知识体系本身的功能,特别是探索学习及运用语言之道"。

自 20 世纪 80 年代以来,任务型教学法在许多国家受到关注,已经成为当前教学理论研究领域的热点。许多语言教学专家学者和对这一理论作了详细的阐述,并不断进行改进和完善。

语言教学一直存在着形式与意义之间的矛盾、发展语言系统和发展语言交际能力之间的矛盾、语言课堂教学和语言自然习得之间的矛盾、提高语言流利性和准确性与任务复杂性之间的矛盾。任务型教学法在发展过程中对这些矛盾也进行了探讨,并最终找到了基本一致的解决办法。

任务应与日常生活紧密相关,设计教学任务必须知道学生在真实生活中会碰到哪些任务。交互修正理论分析了任务型语言教学的合理性和可行性,并为在完成任务的过程中应注意语言形式找到了理论根据。可理解性语言的输入有助于产生语言习得,使语言输入变为可理解输入的最重要途径就是交际双方在会话过程中不断相互协调,对可能出现的理解问题进行交互修正,在交互的过程中引起对语言形式的注意。

语言学习认知法使任务型语言学习获得了新的发展,并且阐述了任务型语言教学的理论根据。语言运用的目标有三个方面:流利性、准确性和复杂性。语言的流利性与语言的意义有关,而语言的准确性和复杂性则与语言的形式相联系。认知教学法提倡的任务型教学主张在交际的环境中,通过合理设计,并在完成任务的过程中,学生的注意力得到合理的分配,从而其语言得到持续而平衡的发展。

二、任务型教学法的具体应用

在大学英语教学中，应用任务型教学法时主要分三步进行。

（一）活动的准备

首先，把全班同学按 4—6 人分成若干组。分组时注意性别、学习基础、学习主动性的差异与搭配，每组选定一名组长。组长的职责是对组员进行考勤，组织督促组员完成教师分配的任务，帮助组员解决学习中的难题，平时帮助教师检查常规作业，如快速阅读、泛读、听写等。可以说，组长是教师的助手，在小组中要发挥很大的作用。所以组长人选既要考虑到他们的英语基础，也要考虑到他们的工作热情以及是否愿意锻炼自己，为老师为同学服务。其次，由于英语班级是非自然班级，有些同学不属于同一专业或同一自然班级，有些同学的宿舍楼相距甚远。为了便于联系，制定了班级通信录，包括姓名、专业、宿舍、联系电话等，尽可能为小组活动提供便利。

（二）活动的安排

以任务型教学实验的班级采用的教材《新视野大学英语》为例。每一次任务的完成都按照教学大纲的要求以及教材的特点，制定课文学习的重点和学习目标，确定任务内容和形式。任务的完成时间可能在课文开讲之前，也可能在课文讲解结束之后，这取决于任务的内容。在任务教学法的学习任务中，任务的设计非常关键。设计巧妙、有趣、难度适中的任务有助于引发学生的学习兴趣，促进他们的学习，反之则会削弱他们的学习积极性。在进行任务教学活动中主要采取的形式有：

第一，为课文准备背景材料为更好地理解课文，了解相关的背景知识是非常必需的。如在学第二册第二单元"Environmental Protection Throughout the World"前，要求学生上网或去图书馆查找资料，了解世界各国的主要环境污染问题以及各国采取的防御措施。这样，既有利于学生理解课文，又开阔了视野，懂得了更多的课外知识。

第二，从不同角度，运用不同体裁改写课文如第一册第三单元"A Good Heart to Lean On"从"我"的角度描述了瘸腿父亲的"善心""我"对父亲的看法以及父亲给自己的影响。学完课文后，要求学生以父亲的口吻改写课文，描述父亲在面对儿子和他人时采取的态度以及当时的心理活动等。会发现许多同学的想象力非常丰富，对父亲的心理刻画非常生动，语言也很有趣。再如，学完"A Busy Weekday Morning"时，要求学生把课文改写成剧本，可酌情增加台词，然后排练表演。由于表演与课文内容有关，学生有了一个运用从课文中学到的词汇和语法结构的机会，巩固了对课文的理解，听、读、写各方面都得到了锻炼，创造力和表演能力也得到了体现。

第三，模拟现场表演或小品表演在学到"How to Make a Good Impression"一课时，要求学生运用课文中所提到的给人留下好印象的要诀，并结合自己的常识和理解，在班上举行一次"学生干部招聘模拟现场"。每个小组派一名代表扮演"应聘者"，其他组成员扮演"考官"，考察"应聘者"的举止、言行等是否合乎要求，对"应聘者"的表现是否留有深刻印象。

第四，小组讨论和写读后感《新视野大学英语》中有许多课文适合学生进行课堂小组讨论。如新生入学后第一课上的是第一册第一单元的三篇课文，讲的都是关于"网上学习"。就此给学生几个问题进行课堂讨论，如谈谈他们的英语学习经历；网上学习的经历以及优缺点；自己最喜欢的学习方法等等。对于这种话题，每个学生或多或少都可以说几句，不会使课堂讨论仅局限于几个活跃的学生，同时也可以促进学生之间相互了解。

在学到"Face to Face with Guns"时，把全班同学分成两大组，展开辩论。一组的论点是"如果有枪，我们的安全就更有保障"；另一组的论点是"有枪也不能保障我们的安全"，可以运用课文中学过的语言知识，并且充分发挥自己的想象力，为自己的观点进行辩护。这样，既巩固了课文中的语言点，也锻炼了学生的演讲口才。在学完"Environmental Protection Throughout the World"一文后，让大家讨论如何从我做起、从小事做起，保护我们的地球，从而把科学、人文素质教育寓于英语教学之中。

第五，利用信息词编故事这也是操作、复习课文重点、难点的好方法。具体的做法是，从课文中选出十个左右的重点词汇或短语，让学生用于编故事，顺序可以变动。

这样可以避免学生机械记忆并提高其灵活运用语言的能力。

第六，其他难度较大的任务形式难度一般的任务基本不会占用学生太多的时间准备，所以可以经常采用；而难度较大的任务，占用的时间和精力较多，一般每学期安排一至两个。如第一册第五单元讲的是"艾滋病"，由于该单元的授课时间大致在12月初，而"世界艾滋病日"刚好是在每年的12月1日。所以，可以在11月初把任务布置给每个小组，要求他们在"世界艾滋病日"到来之前出一份宣传报，介绍艾滋病的有关知识、艾滋病的危害、预防艾滋病的方法以及政府对艾滋病人和家庭的关心和援助措施等。学生可以利用电视、报刊、网络等各种媒体资源，采集数据、事实、图片等，让更多的人了解其危害，从而远离一切可能感染艾滋病的途径。

（三）活动的结束和评估

任务分配过后，给学生一定的时间准备，并加以适当课外辅导。然后在课堂上检查任务完成情况。除表演和出宣传报外，一般是每组选一代表，上台陈述各组完成任务的情况。陈述完毕后，其他各组为其打分并作简单的评议。小组评议保证了每组陈述时，其他组在认真倾听。同时保证每个组员都积极参与任务的完成，组长要对组员的参与程度作记录、打分。另外，教师也要对每个小组的任务完成情况进行客观、公正、有针对性的、以鼓励为主的评价。同时对于各小组在任务完成过程中出现的语言错误，要进行适当纠正，提供正确的语言形式。

三、任务型教学法的意义

（一）任务型教学法大幅度增加了学生的语言实践机会

传统的教学论认为，教师是教的主体，是课堂上唯一的信息源；而学生是教学过程的客体，是被动的信息接收器。它没有充分认识到语言实践在英语教学中的主导功能。英语教学是一门实践课，把英语当作纯知识去讲授是没有任何实际意义的。而任务型教学法要求教学要以"学生为中心"，学生是教学活动的主体。英语学习的效果在很大程度上取决于学生的主观能动性和积极参与性。要将新知识和已有知识相结合，要将语言技能从理论形态转换为实践形态，都必须通过学生自身的实践活动。从某种意义上说，任务型教学法提倡的"以学生为中心"使学生从被动推向了主动，使学生态度从消极变为积极，使课堂氛围从沉闷变为活跃，使教师角色从演员变成了导演。

（二）学生能够体会成就和不足

在完成任务过程中，学生能体会到成就，感受成功，从而有助于激发学习积极性。同时，学生也能在团队中感到自己的不足，从而有助于激发他们自我完善的欲望，激发不断学习的内在动力。

（三）任务型教学法能培养学生的良好性格和情感

在执行任务过程中，每个学生都承担一定的责任，并且组员之间需要相互协作，组与组之间也要进行比赛活动，这有助于培养学生的协作精神和集体荣誉感，有助于形成良好的性格和情感。

四、实施任务型教学法注意事项

（一）学生是学习的主体，教师是任务活动的指导者和策划者

英语学习归根结底是学生自身的学习。"成功在很大程度上不取决于教学材料、教学方法和语言分析，而更多地取决于学习者自身和学习之间的活动过程。"所以要正确处理好教师和学生在教学活动中的关系。学生作为活动主体要积极参与活动，教师则是任务的组织者和策划者，在学生完成任务的过程中给予指导和帮助，并对学生完成任务的质量进行评估和总结。

（二）任务的安排应以教材大纲为准

由于我们所用教材都是教育界的专家和学者们经过多年的精心研究编成的，因此，在运用任务教学法时，教学内容仍应以教材为切入点，结合学生实际，灵活采取不同的任务形式，充分发挥学生的主观能动性和创造性，进行听、说、读、写的综合训练。

（三）做好学生学习观念的转变和配合工作

由于多年传统教学法的影响，许多学生养成了对教师的依赖心理，缺乏良好的学习习惯。任务型教学法要求学生主动学习，这对许多学生来说是件困难的事。因此，教师要做好学生的思想工作，帮助学生树立正确的学习观念和良好的学习习惯，逐步培养学生的自主学习能力。

（四）任务型教学法不是完全摒弃传统教学

任务型教学法是一种新型的教学方法，强调以学生为主体，教师为客体，但这并不意味着它完全摒弃了传统教学法。前文提到，语言运用的三大目的中有两项（即语言的准确性和复杂性）与语言形式有关，也就是与语言结构有关。集合众多教师多年的教学经验发现，学生的语言结构的最佳获得途径是通过教师的课堂讲解。因而可以说，任务型教学法是兼容了传统教学法和交际教学法的折中主义教学法。

第四节　大学英语任务型教学中任务的设计原则及实施策略

长期以来，大学英语课堂教学一直是以教师为中心，教学过程中注重语言知识的传授，忽略了综合能力的培养；对学生学习过程没有实施有效管理。旧的教学模式已经不能适应新的教学要求，也很难满足社会对新型人才的需要。于是，进行有效的大学英语教学改革，将课堂学习延伸到课外，对学生的课内外学习的全过程实施有意识的、有计划的、分步骤的指导与管理，全面地提高大学生英语的综合素质与能力，是所有英语教学工作者一直关心和探讨的一个问题。

20世纪80年代兴起的"任务型教学"提倡和推崇"以人为本""以学生为本"，注重语言习得与运用，强调人的认知和习得的过程，旨在把语言教学真实化和课堂社会化，给学习者在"干中学、用语言做事"的机会和锻炼，从中培养综合素质。

任务型教学就是以具体的任务为学习动力或动机，以完成任务过程为学习过程，以展示任务成果的方式来体现教学的成就。它把语言运用的基本理念转化为具有实践意义的课堂教学方式。其核心思想就是模拟人们在生活、工作中运用语言所从事的各类活动，把语言教学与学习者在日常生活中的语言应用结合起来，把人们在社会生活中所做的事情细分为若干个非常具体的"任务"，并把培养学生具备完成这些任务的能力作为教学目标。

一、任务设计的内容

什么是"任务"呢？英语教学课堂中的任务是指学习者运用目标语进行交际以达成某一结果的活动。在完成任务活动中，学习者始终处于一种积极、主动的心理状态，任务的参与者之间的交际过程也是一种互动的过程。为了完成任务，学习者以意义为中心，尽力调动各种语言的和非语言的资源进行意义共建，以达到解决某种交际问题的目的。

任务型教学分成两个步骤：任务环和语言焦点。

1. 任务环

本阶段首先给学习者充分的语言表达机会，强调语言的流畅性。由于是在小组相对紧密范围内，特别强调树立信心，交流中语言的使用是自然发生的，包含了许多探索性，只注重可交际，不注重准确的语言运用，以任务的完成激发学习者的学习动机。

其次，为即将开始的汇报做准备。从关注流畅性自然过渡到关注准确性，且这种形式的关注是出于表达的需要、交际的需要，因而是有意义的。

最后是汇报阶段，目的在于促使学生使用正式、严谨的语言，也使他们接触更多的口头和书面语。

2. 语言焦点

本阶段首先是分析，目的是要帮助学生探索语言，培养对句法、词组搭配、词汇某些方面的意识，帮助学生将他们已观察到的语言特征系统化，澄清概念并注意到新东西。其次是操练，针对所分析过的语言知识进行操练，直至掌握。

二、任务设计的原则

任务设计的好坏直接决定着教学效果。在众多教师的教学实践中总结出如下原则。

（一）语言材料真实性原则

在课堂任务设计中的输入材料应是来源于真实生活的。所创设的语言场景尽可能地接近生活，这样才能使他们在课堂上学习的语言和技能在实际生活中同样能得到有效应用。

（二）实用性和可操作性原则

课堂任务总是为教学服务的。首先任务的设计不能仅注重形式，而不考虑效果。因此，在任务设计中，要避免为"任务"而设计任务。教师要利用有限的时间和空间，尽可能为学生的个体活动创造条件，最大限度地为学生提供互动和交流的机会，达到预期的教学目的。还应考虑到它在课堂环境中的可操作性，应尽量避免那些环节过多、程序过于复杂的课堂任务。必要时，要为学生提供任务操作的模式。

（三）任务连贯性原则

任务型教学并非指在课堂上穿插一两个活动，也不是指一系列毫无关联的活动在课堂上的堆积。任务型教学是指教学中通过一系列的任务履行来完成或达到教学目标。在任务型教学中，一堂课的若干任务或一个任务的若干子任务应是相互关联、具有统一的教学目的或目标指向的，同时在内容上要相互衔接。课堂上的任务应呈"任务链"或"任务系列"的形式，每一任务都以前面的任务为基础或出发点，后面的任务属于前面的任务，这样，每一课或每一教学单元的任务系列构成一列教学阶梯，使学习者能一步一步达到预期的教学目的。

（四）任务活动趣味性原则

动机和兴趣是学生学习行为的主要动因。任务型教学法的优点之一便是通过有趣的课堂交际活动有效地激发学习者的学习动机，使他们主动参与学习。因此，考虑任务的趣味性是任务设计的重要环节。任务的趣味性除了来自任务本身之外，还可来自多个方面，如多人的参与、多向的交流和互动，任务履行中的人际交往、情感交流，解决问题或完成任务后的兴奋感、成就感等。

三、任务的设计与实施策略

任务型教学法以学习者为中心，关注英语教学的认知过程和心理语言学过程，力图为学习者提供机会，通过课堂上以意义为焦点的活动，参与开放型的交际任务。任务教学成效的关键是，如何设计科学的、合理的任务贯穿于教学过程的始终而达到教学目的。教师须根据不同的情况，通过教材及一些丰富的语言表现形式，从问题入手，设计学习任务，促成学生进入知识形成情境进行学习，并从中领悟语言丰富而多维的学习过程，培养综合运用语言的能力及运用语言解决问题的语用意识。教学效果的好坏要看教师如何对课堂教学进行准备和调控。如果教师能够利用大班教学环境中的有利因素，充分调动学生的学习积极性，提高语言接触和语言操练的密度，大班英语教学同样可以使学生在各方面得到全面发展。因此，在大班教学的任务设计时要注意以下问题。

（一）根据学生个体的差异设计难易适度的任务

任务型教学法就是要改变传统教学中教师授课对全班学生"一锅烩"的情形。任务设计者应根据学习者的具体情况，综合分析不同任务中影响难度的不同因素，选择搭配，同时利用或提供必要的辅助手段，将任务难度调整到适当程度，以使任务达到最佳教学效果。

根据学生的具体情况和需要，组织教学中注意因材施教。其具体做法包括学生水平分层、内容难度分层、学习目标分层、教学方法、教学活动分层、练习和作业分层及评价分层。对于个人能力强的学生设计一些以交际为目的的任务及运用语言解决问题的任务；对于学习困难的学生，设计简单的、认知型的任务，主要是提高他们的阅读能力。任务的顺序可多种多样，如从接受性技能到产出性技能，或从预备性任务向目标性任务过渡等。强调小组活动中每个成员的参与，避免能力差的学生成为"观众"。

（二）分清课型，针对听说读写设计合适的任务

任务的目标具有多样性，针对听、说、读、写不同的课型，教师要精心设计，合理安排在各个学习阶段中，使之符合并有助于学生在各个不同技能方面的发展。例如，通过教师对阅读任务的制定，阅读者通过"问题—文本"的控制性阅读模式的导入，做到阅读任务心中有数才不会盲目处理信息和储存信息，因而最大限度地提高学生的课堂阅读效率。

（三）课堂内外，设计连续性的学习任务

这一原则涉及任务与任务之间的关系，以及任务在课堂上的实施步骤和程序，即怎样使设计的任务在实施过程中达到教学上和逻辑上的连贯与流畅。课堂上的任务应呈"任务链"的形式，每一任务都以前面的任务为基础或出发点，后一任务是前一任务的发展。课外的任务可以是课堂任务的前奏，有时候也可以成为课堂任务的延续。以此进一步促进学生自主学习能力的发展。

（四）根据任务的操作模式，设计操练型和激发型的任务

从激发学生的兴趣入手，激发学生的思维，一些传统的教学活动，如听写、集体朗读、分大组朗读、集体尝试背诵，经验证明这些活动是有效的，应当继承。这些活动促使学生达到认知及熟练运用的目的。

（五）任务的设计要注重学生自主学习能力的培养

教学过程中对学生加强策略的引导，结合学习内容，多举行一些与英语相关的课外活动，如英语角、英语手抄报、表演对话短剧、收听英语广播、观看英文电影电视等。

总之，在设计和实施任务型教学过程中，教师应遵循语言教学规律和课堂教学规律，全面理解，正确把握，不断实践、不断改进。教师应根据具体问题具体分析，设计具有自己特色的任务型教学的课堂，即以任务型为主，结合使用其他教学方法的一种课堂教学模式。

自从"任务教学法"被引进国内，这一教学模式越来越展现其教学效果优势，原因是它提倡以教师为主导，以学生为主体的教学活动，倡导体验、实践、参与、交流

和合作的学习方式。这正好与新的《大学英语课程要求》提出的"大学英语的教学目标是培养学生的英语综合应用能力,特别是听、说能力,使他们在今后工作和社会交往中能用英语有效地进行口头和书面的信息交流,同时增强其自主学习能力,提高综合文化素养,以适应我国社会发展和国际交流的需要"相符合,同时也是在教学实践中贯彻实施成功素质教学观的有效途径。

参考文献

[1] 曹梅. 生态学视角下的英语教学模式创新 [J]. 环境工程 ,2022,40（03）:252-253.

[2] 冯雪芳. 职业教育中混合式英语教学模式探讨——评《英语教学法: 理论与实践》[J]. 中国高校科技 ,2021（11）:109.

[3] 孙舒和. 高校英语教学模式创新路径探索——评《跨文化交际研究与高校英语教学创新探索》[J]. 中国高校科技 ,2021（04）:111.

[4] 邓燕燕. 模因论视域下英语教学模式研究 [J]. 英语广场 ,2020（13）:71-73.

[5] 石佳. 关于现代大学英语教学中的"翻转课堂"[J]. 南昌师范学院学报 ,2019,40（05）:115-117-127.

[6] 陈丽竹. 谈建构主义学习理论视角下英语教学模式的改变[J]. 才智 ,2017(16):20.

[7] 李悦. 基于网络平台的高职英语教学模式研究 [J]. 佳木斯职业学院学报 ,2016（07）:291.

[8] 朱霞云. 尊重学生主体发展 营造快乐教学环境——现代英语开放式课堂教学模式详析 [J]. 基础教育课程 ,2016（04）:23-24.

[9] 江凡. 现代英语语音教学模式及手段分析 [J]. 电子测试 ,2013（20）:216-217.

[10]李生贵.3-P英语教学模式之功能优化[J].重庆科技学院学报(社会科学版),2012（16）:197-199.

[11] 兀丽星. 试论电大远程教育中英语教学模式的改革 [J]. 太原城市职业技术学院学报 ,2011（12）:128-130.

[12] 段继芳. 现代英语语音教学模式及手段研究 [J]. 边疆经济与文化 ,2011

（10）:137-138.

[13] 李文胜.论互动英语教学模式对学生综合英语能力的促进作用[J].黑龙江科技信息,2010（35）:185.

[14] 丁颖君.基于现代教学理念的大学英语教学模式探讨[J].齐齐哈尔师范高等专科学校学报,2010（04）:142-143.

[15] 李敏.新形势下现代英语教学模式的改革[J].网络财富,2010（11）:121.

[16] 林京,林洁.现代英语教学模式理论与实践探索——英语交际教学模式[J].黑河学刊,2009（08）:118-119.

[17] 孙鹏.现代英语教师教学主导意识研究——基于哈默英语教学模式的思考[J].教育探索,2009（11）:94-95.

[18] 程瑞兰.语境理论指导下的现代大学英语教学模式探索[J].洛阳师范学院学报,2009,28（01）:154-156.

[19] 赵延燕.浅谈现代大学英语教师的作用与素质建设[J].科技信息,2009（02）:444-446.

[20] 田辉.基于多媒体网络技术的大学英语教学模式研究[J].淮南职业技术学院学报,2008（03）:106-108.

[21] 何碧.网络教育在现代大学英语教学中的应用研究[J].黔西南民族师范高等专科学校学报,2008（02）:56-58.

[22] 刘健健,魏彩虹.两种现代英语教学模式的比较分析[J].教学与管理,2008（15）:123-124.

[23] 禚沿东.英语教学模式整合的思路与分析[J].吉林公安高等专科学校学报,2007（05）:122-125.

[24] 张欢.更新英语教学理念,促进英语课堂互动[J].广西大学学报（哲学社会科学版）,2007（S1）:114-116.

[25] 王文娱. 浅谈大学英语教师具备的基本素质和能力[J]. 河南教育(高校版),2005（Z1）:57-58.

[26] 钟素花. 利用网络平台,构筑现代英语教学模式[J]. 内江师范学院学报,2004（S1）:199-201.